浙江省习近平新时代中国特色社会主义思想研究中心课题成果

"八八战略"
二十周年研究丛书

衢 州

三衢南孔地
奋建桥头堡

罗培剑　金晓伟　等　著

ZHEJIANG UNIVERSITY PRESS
浙江大学出版社
·杭州·

图书在版编目(CIP)数据

衢州：三衢南孔地 奋建桥头堡 / 罗培剑等著. —
杭州：浙江大学出版社，2023.9
("八八战略"二十周年研究丛书)
ISBN 978-7-308-24110-6

Ⅰ.①衢… Ⅱ.①罗… Ⅲ.①社会主义建设－研究－
衢州 Ⅳ.①D619.553

中国国家版本馆 CIP 数据核字(2023)第 151939 号

衢 州:三衢南孔地 奋建桥头堡

QUZHOU:SANQU NANKONGDI FENJIAN QIAOTOUBAO

罗培剑 金晓伟 等 著

出 品 人	褚超孚
策划编辑	张 琛 吴伟伟 陈佩钰
责任编辑	陈 翩
责任校对	黄梦瑶
责任印制	范洪法
封面设计	周 灵
出版发行	浙江大学出版社
	(杭州天目山路 148 号 邮政编码 310007)
	(网址:http://www.zjupress.com)
排 版	浙江大千时代文化传媒有限公司
印 刷	浙江新华数码印务有限公司
开 本	710mm×1000mm 1/16
印 张	13.75
字 数	185 千
版 印 次	2023 年 9 月第 1 版 2023 年 9 月第 1 次印刷
书 号	ISBN 978-7-308-24110-6
定 价	78.00 元

编写说明

20 年前,习近平同志担任浙江省委书记期间,经过深入调查研究和系统谋划,为浙江量身打造了"八八战略"这一总纲领总方略,并为浙江发展倾注了大量心血、汗水和智慧,在之江大地书写了波澜壮阔的奋斗篇章,给浙江留下了宝贵的思想财富、精神财富和实践成果。20 年来,"八八战略"引领浙江在省域层面率先开启了中国式现代化先行实践之路,推动浙江大地发生了全方位、系统性、深层次的精彩蝶变,实现了从资源小省向经济大省、外贸大省向开放大省、环境整治向美丽浙江、总体小康到高水平全面小康的历史性跃迁。

在"八八战略"实施 20 周年的重要时间节点,浙江省习近平新时代中国特色社会主义思想研究中心和浙江省社会科学界联合会共同组织力量编写"'八八战略'二十周年研究丛书",并将之纳入"浙江文化研究工程"。丛书重点论述了"八八战略"在浙江省 11 个地市(杭州、宁波、温州、湖州、嘉兴、绍兴、金华、衢州、舟山、台州、丽水)深入落实的全过程,以及所带来的深刻影响。我们希望,通过这套丛书,能让读者用心感悟习近平总书记的关心关怀和殷殷重托,学深悟透、感恩奋进、实干争先,持续推动"八八战略"走深走实,坚定不移沿着习近平总书记指引的道路奋勇前进;推动浙江在新时代新征程上奋力谱写共同富裕和中国式现代化先行的靓丽篇章。

目　录

导　论

衢州市位于浙江省西部、钱塘江源头、浙皖闽赣四省交界处,市域面积 8844 平方公里,辖柯城、衢江 2 个区,龙游、常山、开化 3 个县和江山市,户籍人口 256 万;始建于东汉初平三年(192),是圣人孔子后裔的世居地和第二故乡、"江南毛氏发祥地";素有"四省通衢、五路总头"之称,境内航空、铁路、公路、水运齐全,是全省首个县县通高铁(动车)、高速公路的地级市,杭衢同城化一体化深入推进。衢州是全国首批"绿水青山就是金山银山"实践创新基地、国家绿色金融改革创新试验区,连续两年入围全国营商环境标杆城市,荣获"国家历史文化名城""全国文明城市""国际花园城市""世界长寿之都""国家生态文明建设示范区""2017—2020 年度平安中国建设示范市"等称号。

一、发展使命

衢州自建市以来,经多年努力,经济社会发展取得了明显成效,形成了加快发展的诸多有利条件,具备了一定的经济基础。但经济发展水平与省内其他市相比还有较大差距,城乡居民人均收入仍低于全省平均水平,要真正做到与全省同步基本实现现代化,困难和挑战比较多。在浙江工作期间,习近平同志多次来衢州考察调研、指导工作,有针对性地对衢州的发展作出了一系列重要指示。作为"八八战略"的重要内容,推动欠发达地区跨越式发展,努力使之成为全省经济新的增长点是衢州 20 年来实现跨越式发展的理论依据。衢州历届市委、市政府深入践行习近平同志对衢州工作的重要指示精神，真抓实干，走出一条具有衢州特色的市域治理现代化之路。

党的二十大报告指出，要以中国式现代化全面推进中华民族伟大复兴。中共浙江省委十五届二次全会提出，要奋力推进"两个先行"，扎实推进高质量发展建设共同富裕示范区，系统探索中国式现代化省域先行路径。当下，如何推动"八八战略"再深化，实现高质量跨越式发展，奋力推进中国式现代化的衢州实践成为紧迫任务。

习近平同志在浙江工作期间，对衢州提出了一系列重要指示和殷切期望。衢州牢记嘱托，在以下8个方面加快追赶跨越步伐：一是成为全省经济发展新的增长点；二是打造四省边际中心城市；三是成为全省经济向中西部临省拓展的一个桥头堡；四是推进山海协作工程上新水平；五是让南孔文化重重落地；六是努力把生态优势转化为特色产业优势，依靠"绿水青山"求得"金山银山"；七是营造亲商安商富商的投资环境，吸引更多的外来投资者到衢州创业发展；八是抓好以党组织为核心的基层组织建设和干部队伍建设，形成全方位覆盖基层的工作网络。

二、生动实践

"八八战略"是习近平新时代中国特色社会主义思想在省域范围的先行探索，为当代中国马克思主义的孕育和诞生提供了丰富的浙江素材和浙江经验。20年来，衢州历届市委、市政府带领全市人民以"八八战略"为总纲，坚定不移践行习近平总书记对衢州的殷殷嘱托，奋力续写"八八战略"衢州新篇章，推动习近平新时代中国特色社会主义思想在衢州的实践取得丰硕成果。

（一）培育壮大高质量发展动能，迎来了从工业立市到工业强市的跨越式发展

2002年7月，衢州市委四届八次全会提出"工业立市、借力发展"

战略,强调坚持走新型工业化道路,实现衢州跨越式发展。2004 年以来,衢州市委、市政府积极创新工业发展理念和工作机制,突出平台建设,突出培育特色产业集群,实施"工业提升工程",推进衢州工业经济转型提升。衢州市委四届十五次全会将"特色竞争"融于"工业立市、借力发展"战略之中,构成了衢州科学发展的三大战略体系。衢州市第五次党代会提出了完整的三大战略——工业立市、借力发展、特色竞争,并把它作为今后一个时期衢州跨越式发展的重大战略思想。衢州市委五届八次全会提出,要深化工业立市战略,推进工业转型升级,即以产业高端化为方向,推进集聚发展、集群发展、集约发展、创新发展。2012 年,制定坚持工业立市不动摇、打好城市建设管理和旅游业大发展"两大战役"的工作部署。2016 年后,衢州强化系统设计、制度设计,确定了新时代衢州发展的"1433"战略体系。2022 年,衢州市第八次党代会提出坚持"工业强市、产业兴市"不动摇,全面实施工业强市十大专项行动,为实现共同富裕注入最大增量。进入高质量发展新阶段,衢州积极培育开放发展新优势,力争成为全省经济发展新的增长点和新的特色亮点,为与全省同步实现"两个高水平"奠定坚实基础。通过多年持续努力,经济总量连上新台阶,增量规模显著扩大。衢州生产总值 2003 年超过 200 亿元、2008 年超过 500 亿元、2012 年接近 1000 亿元、2021 年达到 1876 亿元,规上工业产值从 2002 年的 130 亿元提升到 2021 年的 2494.05 亿元。截至 2021 年,共有 A 股上市公司 12 家。浙大衢州"两院"、电子科大长三角研究院建成运行,衢州海创园整体落成开园,浙江省高端化学品技术创新中心成功创建。衢州巨化一体化融合高质量发展迈出新的步伐。时代锂电等一批重大先进制造业项目成功落地,代锂电项目成为衢州第一个"省长工程"。此外,衢州创新构建"碳账户碳金融"体系,探索全域低碳转型发展新路径。

（二）加速融入杭州都市圈和长三角一体化发展，四省边际区位优势与人才集聚效应日益凸显

新时代新起点，衢州立足独特的区位优势，坚定不移沿着"八八战略"指引的路子前进。一是打造大湾区的战略节点。从核心区、统筹区、联动区三个层面全面对接大湾区，把衢州打造成为杭州湾区向内陆拓展的战略枢纽和战略节点。交通先导取得重大突破，杭衢高铁建设快速推进，九景衢铁路、衢宁铁路开通运营，美丽沿江公路全线贯通，断航半个多世纪的钱塘江中上游航道恢复通航，2021年民航通航城市增至24个。全力推动衢州融入杭州湾核心区，持续推进义甬舟开放大通道西延行动，全面深化与上海闵行区的战略协作，新签约1亿元以上项目162个。打破行政区划界限，在杭州、绍兴、宁波等地成功打造6个"产业飞地"，2021年，共有11个项目签约入园，协议投资120.7亿元。深化与上海闵行区战略合作，参与闵行区虹桥枢纽党建联盟。二是打造大通道的浙西门户。加快构筑智能高效的现代综合交通网络和物流体系，全面接轨浙江创新大通道、开放大通道、海洋经济大通道和生态旅游大通道。规划建设"米"字形铁路架构、浙西航空物流枢纽等交通基础设施，全面打通北上南下西进的跨区域大通道，把衢州建设成为四省边际中心城市和浙江对内开放桥头堡。四省边际中心医院、市体育中心主体育场、文化艺术中心落成投用，先后引进浙江大学、电子科技大学、温州医科大学、浙江中医药大学联合办学办产业办平台，浙大衢州"两院"、电子科技大学长三角研究院校区相继建成投入使用。截至2021年，全市人才资源总量达到44.38万人，连续6年有人才入选国家和省重大人才工程。2021年，大学生引进数突破4万人，其中，博士引进数增长22.3%、硕士引进数增长86.5%。

（三）牵头打造浙皖闽赣四省九市区域旅游共同体，浙江经济向中西部临省拓展的桥头堡作用进一步彰显

闽浙赣皖四省九市多年合作，合作领域不断拓展，工作成果也不断显现,驱动了一批高质量区域合作平台,浙赣边际合作(衢饶)示范区项目正式开启,闽浙赣皖国家生态旅游协作区"半价游"活动顺利推进,浙皖闽赣(衢黄南饶)"联盟花园"合作共建方案达成初步共识。九方经济区内各种合作机制不断深化,为各领域各行业合作交融打下良好基础。"2020 浙皖闽赣国家生态旅游协作区推进会"成功召开,发布了《浙皖闽赣国家生态旅游协作区"半价游"活动方案》《浙皖闽赣国家生态旅游协作区旅游执法投诉联动机制》。《浙赣边际合作(衢饶)示范区发展规划(2020—2035 年)》获两省发改部门联合批复;浙闽赣皖四省边际城市(衢州市、金华市、南平市、上饶市、黄山市)跨省通办协商会在衢州召开,就"跨省通办"实施方案、合作协议和组织架构等达成初步共识。在构建新发展格局大背景下,区域深度合作、高质量合作成为大势所趋。2020 年 12 月,举行了闽浙赣皖九方经济区综合规划、综合交通、营商环境、职业教育、生态环境、体育健康专业委员会成立仪式,标志着四省九市开启紧密合作、加快一体化高质量发展新篇章。2021 年,牵头组建衢黄南饶"联盟花园",以"95 联盟大道"串联5 处世界自然遗产、9 个国家 5A 级景区和 83 个 4A 级景区,有力推动跨区域旅游合作发展,打造跨省域旅游协作先行区、国家级旅游休闲城市群和世界级生态文化旅游目的地,获评全省长三角一体化发展"最佳实践"。2022 年 12 月,衢州市委八届三次全会提出,聚焦打造十个"桥头堡",全力打好"八大攻坚战",推动四省边际中心城市建设实现新跃迁。

(四)积极打造全省山海协作升级版,区域协调发展水平不断提升

从 2003 年至今,伴随着发展阶段的演进、宏观环境的变化,衢州不断探索创新山海协作模式,大致经历了"两个转移"、资源与产业的合作、共建山海协作产业园、推动"一重点三转变"等四个阶段。衢州作为山海协作工程的主战场,坚持以"八八战略"为统领,建立山海协

作工程领导小组，探索创新协作发展路径，取得了显著成效。尤其是2017 年以后，杭衢在山海协作深化推进上达成全面共识，高起点、高标准谋划两地合作，共同打造全省山海协作升级版样板工程，形成"六园二路"合作新模式，揭开杭衢山海协作升级版序幕。杭衢双方持续共同努力，"项目化＋清单式"推进合作进程，杭衢两地合作拓展延伸到 17 个领域，在一些重点领域取得较好进展。推出新型工作机制，衢州组建深化杭衢山海协作推进办，与杭州市 13 个职能部门无缝对接，执行报表、例会、督查、考核等工作制度，密切关注和督促工作动态；杭衢两市着眼区域发展战略，谋划推动建设国家级旅游协作区、全省大花园建设，将杭州城西科创大走廊向西延伸至衢州西区高铁新城，共同打造全省科技创新高地，为杭州衢州海创园在杭州未来科技城打通后台，实现部分政策互通。山海协作迭代升级，产业融合不断推进，协作平台能级不断提升，2020 年引进了海康威视等一批山海协作产业项目，衢州在省山海协作考核中获平台建设优秀奖。2021 年，在杭甬绍高能级平台建设 6 个"产业飞地"，在全省率先实现"产业飞地"签约、"产业项目"签约，市域各县（市、区）均已达成"山海协作"合作协议，首批入园项目开工。

（五）持续打响"南孔圣地·衢州有礼"城市品牌，文旅融合品牌影响力显著提升

1995 年，衢州组建了孔子学术研究会。2002 年，孔氏南宗家庙管理委员会与浙江师范大学联合成立孔氏南宗研究中心。2005 年，衢州学院（筹）建立了孔子研究所。在向广大群众普及南孔文化、举办孔子诞辰周年祭祀典礼、举办"国际儒学论坛"学术研讨会和创建衢州儒学文化产业园等基础上，衢州以打造"一座最有礼的城市"为依托，深入挖掘南孔文化精神内涵，打响"南孔圣地·衢州有礼"城市品牌，倡导"使用公筷公勺""行作揖礼""不随地吐痰"，推出"有礼指数"，开展"衢州有礼"系列行动，不断提升城市文明程度，让"有礼"成为衢州最

鲜明的标志。在"2020 博鳌国际旅游奖"榜单中,"南孔圣地·衢州有礼"城市品牌营销系列案例获得 2020 年度品牌营销金奖。衢州立足历史文化底蕴,大力弘扬新时代衢州人文精神,为争当"两个先行"示范窗口提供了强有力的精神支撑。

(六)充分发挥衢州生态优势,生态文明建设持续走在全省前列

衢州坚定不移沿着"八八战略"指引的路子前进——从全面启动国家级生态示范区试点到全省率先启动生态市建设,从建设首个国家休闲区到建设钱江源国家公园,从建设浙江生态屏障到打造大花园的核心景区,从把旅游业培育成为战略性支柱产业和服务业龙头到把美丽经济培育成为发展新引擎,从打造全国重要的生态休闲度假旅游目的地到打造"诗画浙江"最佳旅游目的地和世界一流生态旅游目的地,一以贯之抓生态环境治理,一以贯之践行"绿水青山就是金山银山"理念,不断满足人民群众日益增长的优美生态环境需要,成为践行习近平生态文明思想的领跑者。衢州作为全省大花园的核心区,2020 年、2021 年连续荣获"美丽浙江"考核优秀市,生态环境公众满意度居全省第一,2018—2020 年"五水共治"工作公众幸福感指数连续三年位列全省第一。七夺五水共治"大禹鼎",全省首批夺得金鼎。空气质量位列全国第一方阵,成功创建国家生态文明建设示范市。"碳账户"金融应用获央行行长的批示肯定并向全国推广,入围浙江省数字政府"一地创新、全省共享"应用项目。深入推进生态产品价值实现机制,2017 年获批成为国家绿色金融改革创新试验区。

(七)纵深推进以"最多跑一次"为代表的改革创新,营商环境"金字招牌"越擦越亮

为弥补经济社会发展短板,衢州不断深化行政审批制度改革,坚持为群众、为企业、为基层解难题办实事,改善发展"软环境",以吸引市场主体,满足群众需求。2002 年,建立行政服务中心。2003—2007

年,深化行政审批制度改革,加强机关效能建设,大力推行"三服务""三精简""三延伸"。2009—2013年,深化行政审批职能归并改革,完成"两集中、两到位"改革试点。2014年至2016年上半年,率先在全省开展行政权力上网运行,"四单一网"改革走在全省前列。2016年5月,先行在全省开展"一窗受理、集成服务"改革试点。2017年4月12日,浙江省"最多跑一次"改革现场会在衢州召开,衢州经验在全省推广,成为"最多跑一次"改革的衢州样板。2018年以来,衢州以"最多跑一次"改革为牵引,撬动各领域改革,打造"中国营商环境最优城市"。2018年3月,衢州列入全国首批营商环境试评价城市,并且是唯一的测试样本标杆城市。同年8月,由国家发改委组织的全国首个营商环境试评价结果出炉,在22个试评价城市中,衢州排第4位,仅次于北京、厦门、上海,在所有参评地级市中排第1位。同年12月,在"2018第十三届中国全面小康论坛"颁奖盛典上,衢州荣膺"2018年度中国十佳营商环境示范城市"。2021年,衢州扎实推动政务服务"好差评"两项国家标准试点、国务院行政备案规范管理改革试点等一批国字号改革试点。同时,实施优化营商环境六大专项行动,2020年入选全国优化营商环境标杆城市。

(八)努力打造"中国基层治理最优城市",为市域社会治理现代化提供"衢州经验"

2004年,衢州作出"平安衢州"、促进社会和谐稳定的决策部署。实施"五个创建",走出了一条具有衢州特色的平安建设之路。特别是品牌化创建方面,打造了一批在全省乃至全国叫得响的工作品牌,如以"建立民情档案、定期沟通民情、为民办事全程服务"为主要内容的"三民工程"建设,得到了中央和省委的肯定。党的十八大召开后,衢州以"最多跑　次"改革向基层延伸为导向,以"雪亮工程"建设为契机,全面构建起市县乡村四级联动的全域基层治理现代化体系。近年来,衢州致力于打造"中国基层治理最优城市",探索形成了一整套系统集成的体系架构和行之有效的基层治理模式。2020 年,衢州迭代升级"基层治理四平台",强化县级社会矛盾纠纷调处化解中心规范化建设,深入推进"大综合一体化",制定出台全国首部网格化服务管理条例;入选市域社会治理现代化第一批全国试点地区,成为全省唯一的"县乡一体、条抓块统"改革全域试点市。2021 年,衢州纵深推进"县乡一体、条抓块统"改革,在全省率先探索六大模块实战运行,构建县乡村三级一体化工作界面。同时,创新推行"一件事"集成联办、"一支队伍管执法"和"四维考评"机制。"县乡一体、条抓块统"改革被时任浙江省委书记袁家军肯定为基层治理现代化的"衢州经验",获浙江省改革突破奖金奖,入选全国市域社会治理现代化试点项目认领名单。

(九)坚持打造新时代"三民工程"升级版,基层服务型党组织建设扎实推进

衢州认真践行以人民为中心的发展思想,始终把抓实基层党建作为重要工作,突出以党建引领创新基层治理,把增强村级党组织的政治功能、组织力与提升治理能力贯通起来,全面实施组团联村(社区)、"两委"联格、党员联户"三联工程"。通过数字化改革持续擦亮"三联工程"品牌,推进"三联工程"标准化、规范化、体系化,更好地发挥"三联工程"在推动基层治理各项工作中的作用。

(十)持续擦亮"8090 新时代理论宣讲"品牌,努力推动党的创新理论"飞入寻常百姓家"

衢州全市体系化、高质量推进"8090 新时代理论宣讲"工作,完善研习、赛学、评价、保障等制度,打造实践样本,做深做实"8090 新时代理论宣讲"工作,打造全国青年理论宣讲工作先行区、全域青年思政工作创新实践区和党的创新理论大众化示范区,提升"8090 新时代理论宣讲"工作的影响力。

三、经验与启示

习近平总书记对衢州工作的重要指示精神贯穿于衢州一路的发展历程，特别是欠发达地区要跨越式发展的指示，对于诸多和衢州一样面临赶超压力和发展困境的地市来说，具有深刻的启示意义。

（一）注重处理"短"和"长"的关系，做到转化劣势与增强优势同向发力

衢州不断发挥生态优势，释放生态红利，为践行"绿水青山就是金山银山"理念贡献了衢州经验。一方面，全面对照习近平同志在衢州考察调研时提出的系列重要指示和殷切期望，客观认识、科学分析衢州在经济实力、发展质量、公共服务水平、干部能力素质等方面存在的短板和不足，将补短板、堵漏洞、强弱项摆到更加突出的位置，通过不断拉长短板，变劣势为新优势。衢州发展起步晚，与经济发达的省内城市相比，工业化、城市化水平相对滞后，经济总量较小、发展质量不高，社会事业和公共服务较为薄弱，干部思想较为封闭保守。为此，衢州按照"欠发达地区要努力实现跨越式发展"的创新理念，转变衢州干部和群众的思想观念，打好转型升级组合拳，不断优化工业基础配套设施。发展至今，衢州的营商环境建设取得重大突破，产业转型升级取得明显成效，工业现代化发展体系初步建立，整体呈现持续稳健发展态势。另一方面，对于在长期工作实践中由方方面面的好经验、好做法汇聚而成的发展优势，衢州保持不断擦亮品牌的工作韧劲，防止原有优势弱化甚至丧失，以水滴石穿的劲头巩固和深化特色优势，推动衢州发展影响力、美誉度持续提升，奋力书写忠实践行"八八战略"的新篇章。例如，生态是衢州最大的比较优势、是最响亮的品牌，21世纪以来，衢州始终把保持"绿水青山"、保护浙江"生态屏障"、保证"一江清水出衢州"作为特殊政治责任，自觉将生态保护作为转型升级的倒逼机制和可持续发展的最大优势，积极探索新型工业化与生态环

境互促双赢的路子,绝不以牺牲生态环境为代价谋求一时的发展,也不以停止发展消极地保护生态环境。衢州深化"最大的优势在生态,最大的竞争力也在生态"理念,倡导"互联网＋""物联网＋""金融＋"等创新思维方式,推进循环工业、绿色农业、生态旅游业等各领域的供给侧结构性改革,形成新的发展动力,为成为全省经济发展新的增长点贡献生态力量。

(二)注重激发各方主体活力,推动有效市场与有为政府更好结合

激发各方创新活力,形成创新合力,关键是坚持有效市场与有为政府相结合,做到两者协同发力。推动有效市场与有为政府更好结合,前提是处理好政府与市场的关系。企业作为市场的主体,直接面向市场,是自主创新的主体,是推动技术进步和产业升级的主要力量。"八八战略"实施以来,衢州在多个方面取得突出成果,尤其是山海协作工程取得了极大成就,其中的关键就在于合理划分政府和市场的边界。政府更加重视区域协调发展规划,综合运用财政政策、信贷政策、土地政策等降低企业交易成本和生产成本;加大基础设施投入,加快公共服务均等化步伐,积极营造公平、公正的法治环境和良好的社会环境;做好协调工作,加速要素流动,使市场配置资源的决定性作用顺畅发挥。

(三)注重推动改革顶层设计与基层探索良性互动,不断优化创新路径

创新既要"顶天",强调战略规划和制度安排,又要"立地",鼓励地方、基层、群众解放思想和大胆探索。衢州注重通过科学的顶层设计提高改革创新的系统性、整体性、协同性,同时发挥基层的积极性、主动性、创造性,体现了原则性与灵活性相统一。强调顶层设计,不是忽视基层探索,而是要善于倾听基层呼声,汲取群众智慧。在"八八战略"引领下,衢州改革创新的历程始终贯穿一条主线,那就是顶层设计

和基层探索的良性互动。衢州"最多跑一次"改革之所以取得巨大成效，得益于中央政府的简政放权，得益于省级层面的统筹协调，得益于坚持以人民为中心的发展思想。"最多跑一次"改革触动全局，背后是大量的探索和创新实践，涉及政府治理，推动了顶层设计和基层探索良性互动。顶层设计层面可以总结出好经验，不管是制度创新还是技术应用，都整合到改革方案中。基层探索敢于啃最硬的骨头，抓住典型解剖"麻雀"，实现了多项重点突破。衢州的好经验不断在全省复制推广，为改革全局注入强大动力。同时，衢州"最多跑一次"改革不仅提高了行政效率，更通过构建为人民群众服务的新机制，切实解决群众的难题，真心诚意、实实在在回应人民群众的公平关切，得到了人民群众的真心拥护。正是因为衢州始终把改革创新精神贯彻到基层社会治理中，尊重群众，提高群众参与度，认真总结基层的好做法、好经验并上升为指导全局的政策性意见，用改革的办法破除体制障碍，用创新的举措破解发展难题，才在基层社会治理中为中国特色社会主义建设提供了有益的探索实践经验。

第一章　打造浙江经济发展新的增长点，推动经济高质量发展

2002 年 6 月，衢州市委召开全市领导干部会议，传达浙江省第十一次党代会精神，提出"跨越式发展"的指导思想，要求抓住 21 世纪头一二十年的重要战略机遇期，发挥比较优势，加快步伐，走出一条欠发达地区跨越式发展的新路子。2002 年 7 月，针对衢州经济总量小、工业化进程滞后和内生动力不足的现状，市委四届八次全会提出了"工业立市、借力发展"战略，把工业立市作为加快衢州发展的主方向，做大做强"衢州制造"，坚持走新型工业化道路，实现跨越式发展。自此，衢州经济社会发展也进入了一个新的阶段，2003 年人均 GDP 首次突破 1000 美元，达到 1150 美元。2002—2021 年，地区生产总值从 200.9 亿元跃升到 1875.6 亿元，增长了 8 倍多；城市居民人均可支配收入从 9330 元跃升到 54577 元，增长了近 5 倍，农村居民人均可支配收入从 3595 元跃升到 29266 元，增长了 7 倍多，这两个收入的增幅在 2021 年分别排全省第 1 位和第 2 位。

衢州始终牢记习近平同志在浙江工作期间寄予衢州的殷殷嘱托，坚持以"八八战略"为总纲，按照省委、省政府对衢州提出的"浙江大花园的核心区"定位要求，一张蓝图绘到底。衢州坚持"工业强市、产业兴市"不动摇，把加快发展作为最大的任务，持续推进产业创新、动能培育，为高质量发展注入最大增量。

第一节　挖掘要素潜能，推动传统产业全面升级

衢州位于浙江省西部、钱塘江上游，交通优势明显、生态优势突出。衢州是浙江的加快发展地区，也是潜力所在。衢州市委、市政府十分重视工业经济发展，2002 年以来是快速增长阶段。2002 年，衢州市委确立了"工业立市、借力发展"战略。2003—2007 年，全市工业产值连续 5 年增长 30% 以上，是恢复地市级以来发展最快的时期。尤其是 2008 年以来着力应对严峻的经济形势，重视发挥工业经济的稳定器作用。2021 年，全市规上工业产值从 2002 年的 130 亿元提升到了 2494.05 亿元。33 个行业大类中，30 个行业产值实现增长，行业增长面达 90.9%；主导行业中，计算机、通信和其他电子设备制造业产值增长 67.1%，化学原料和化学制品制造业产值增长 40.1%，有色金属冶炼和压延加工业产值增长 37.2%，造纸和纸制品业产值增长 32.4%，黑色金属冶炼和压延加工业产值增长 31.6%，非金属矿物制品业产值增长 26.8%。新兴产业增速较快，高技术产业制造业增加值增长 30.9%，数字经济核心产业增加值增长 29.8%，新材料产业增加值增长 23.0%，战略性新兴产业增加值增长 19.4%。2021 年，全市规上工业企业利润总额 228.51 亿元，同比增长 55.7%，两年平均增长 33.6%。从产业规模看，大型企业利润增长 75.8%，中型企业利润增长 38.1%，小微型企业利润增长 58.2%。33 个工业行业大类中，20 个行业利润总额实现正增长，增长面为 60.6%。

一、巩固提升传统特色产业，优化产城融合平台

近年来，衢州新旧动能转换提速，化工、装备制造、造纸、水泥、绿色食品、门业等六大重点传统制造业改造提升工作扎实推进，传统产

业"弯道超车"进一步提速。

(一)衢州的传统产业体系演进趋势

衢州作为浙江传统的重化工业基地,工业产业结构偏重(重化工业占比达68.5%),但在发展过程中,衢州市逐渐形成了具有自身特色的产业体系。

最有特色的产业是化工新材料产业,包括氟硅钴、电子化学品和动力电池材料,龙头企业有巨化集团、华友钴业等。2020年全市化工新材料产业规上产值400余亿元,其中,氟硅新材料与电子化学品规上产值200多亿元,其他湿电子化学品和特气规上产值约25亿元,锂电池材料产业规上产值超100亿元。其中,氟硅钴产业拥有氟化工、无机硅、有机硅三大产业链和国家级氟硅新材料产业基地、氟硅质检中心和巨化集团、华友钴业等一批龙头企业。电子化学材料产业依托国家级高新技术产业开发区培育特色电子化学材料产业,主要产品有电子级氢氟酸、高纯电子气体、电子级过氧化氢等。其中,凯圣氟化学、博瑞电子科技等多家企业现有产品已成功进入中芯国际和京东方等国内下游重点企业。2015年,巨化集团担任中国电子化工新材料产业联盟理事长单位。动力电池材料产业已具备正极材料、负极材料、隔膜材料、电解液等原材料生产能力,主要产品有四氧化三钴、三元材料前驱体、氢氟酸、六氟磷酸锂等。随着中来光伏、杉杉、北斗星和天硕等一批项目先后落地,千亿能级的新能源产业呼之欲出。

市场占有率最高的产业是特种纸产业。产量占全国市场的25%左右,主要产品有装饰原纸、卷烟配套用纸、食品包装用纸、医用包装用纸、热转印纸等16类100多个品种,规上特种纸企业61家。龙游县被中国造纸协会评为"中国特种纸产业基地"。重点企业有夏王纸业、仙鹤股份、维达纸业(浙江)、金龙纸业等,年产值超过170亿元。

产值规模、利税总额最大的产业是装备制造产业,主要包括矿山机械、输配电、汽摩配、节能环保装备等细分产业。矿山机械产业主要产品有空气压缩机、凿岩机、液压支柱等矿山设备。衢州被科技部命名为"国家空气动力机械特色产业基地"，空压机市场占有率全国第一，重点企业有开山集团、红五环集团、志高机械等。输配电产业已形成了以高低压开关柜、电力变压器、电器元配件、电线电缆等系列产品为主的产业链。江山市装备制造业先后获评省级高新技术特色产业基地、输配电产业示范基地、高端装备制造业基地，重点企业有浙开电气集团、杭甬变压器、江山变压器等。汽摩配（轴承）产业以轴承产业为主，尤其是英制圆锥轴承出口量曾占全国出口量的60％以上。常山县被评为"浙江省轴承产业示范基地"，重点企业有金沃（建沃）精工、捷姆轴承、四通轴承、皮尔轴承等。节能环保装备产业以巨化旗下的菲达环保和开山集团为主，其中开山集团近年来大力研发螺杆膨胀发电站等余热发电设备，通过收购奥地利LMF公司丰富压缩机产品系谱，并在东南亚和东欧等地区收购大量地热资源拓展海外市场。

发展最快的产业是电子信息产业，"十二五"期间年均增速达22.6％，主要产品包括集成电路、光伏组件、电子材料、半导体、元器件等。其中，浙江乐叶光伏科技有限公司于2014年被上市公司西安隆基硅材料股份有限公司收购，成为隆基股份在衢州市的光伏产品生产基地。杭州立昂微电子股份有限公司投资50亿元，建设8—12英寸生产线项目，投产后达到月产40万片8英寸硅片和月产10万片12英寸硅片的规模。

亩均税收最高的产业是食品饮料产业，2016年实现产值97.6亿元，亩均税收达37.8万元。衢州市水资源丰富（总量100亿立方米，人均4039立方米），是浙江省唯一的饮用水源达到国家一级地表水的城市。旺旺控股集团、伊利集团、娃哈哈集团等知名饮料厂商在衢州建立生产基地，均瑶食品、马迭尔食品等国内知名饮料企业也正在衢州加快投资建设项目。

（二）加快推进传统产业新旧动能转换提速

衢州制造业产业结构偏重，重工业占比超七成，高出全省平均水平 11 个百分点；六大重点传统制造业产值占全市规上产值的比例为 61.94％，产业结构偏传统。工业增长方式比较粗放，投资效率不高，部分企业仍依赖物质资源投入，效益低下，传统制造业产业改造提升刻不容缓。经过 20 年的探索和发展，衢州拥有了较好的产业基础和特色。顺应集群化、信息化、国际化和生态化发展趋势，衢州抓住新一轮全球产业结构调整的机遇，通过招商引资发展新兴产业，通过科技创新提升传统产业，推动"主导产业高端化、特色产业规模化、传统产业高新化"，走出一条互动互补、集聚集约、创新创优、绿色低碳高效的新型工业化之路。

推动产业集群化发展。以浙江省战略性新兴产业发展规划和产业集聚区发展规划为指导，大力推进衢州特色产业发展。重点抓好衢州绿色产业集聚区"一心三片"的高端发展、创新发展、绿色发展、集群发展，成为中心城市重要组团和特色产业配套改革的载体，核心区力争升格为规模超千亿元的国家级开发区。城市功能完善和园区扩容提升并举，加快推进开发区（园区）建设，进一步完善以"市区工业新城—省级工业园区—乡镇工业功能区"为主体的工业空间平台体系，引导产业集约化发展。积极引进和实施一批带动力强、影响深远的大企业与大项目。

大力培育壮大新材料、新能源、先进装备制造、电子信息四大新兴产业，加快提升金属制品、新型建材、绿色食品、高档特种纸四大传统产业，培育 1 个 500 亿元、3 个 300 亿元、若干个 100 亿元以上的产业集群，培育 5 家以上超百亿元、50 家超 10 亿元的龙头企业，成为推动衢州经济发展的重要引擎。衢州是浙江省第二大钢铁基地、浙江省特种纸生产基地和亚洲最大的装饰原纸生产基地、华东著名水泥生产基地和省级千万吨水泥熟料基地。

（三）优化产城融合平台

工业平台"串珠成链"式发展，已形成"国家级工业平台—省级工业平台—省级特色小镇—重点乡镇工业功能区"立体式、多层次、梯度型的新型工业发展空间布局体系,其中国家级工业平台2个、省级工业平台6个。工业平台发展层次不断提升,全市依托各级工业平台切实推进省级产业基地建设、块状经济向现代产业集群转型升级示范区、工业强县建设,逐步培育出一批具有一定行业影响力的产业集群。2020年4月,衢州高端电子材料产业平台入选浙江省第二批"万亩千亿"新产业平台。2021年,衢州经济技术开发区锂电新材料基地获批国家外贸转型升级基地,电子化学材料产业群入选第一批省级"新星"产业群培育名单,化学新材料产业链获评"链长制"优秀示范单位。衢州已形成较为完整的锂电池关键材料产业链,被浙江省列为全省新能源新材料重要生产基地,在锂电池正极材料、负极材料、隔膜、电解液等四大关键材料领域已经形成了四氧化三钴、三元材料前驱体、硅粉、六氟磷酸锂、磷酸铁锂、碳酸锂等产品的规模生产,代表企业有华友钴业、杉杉新材料、中硝康鹏、歌瑞新材料等。衢州是浙江省命名的首个"光伏产业基地",产业发展重心逐步从前端移至后端的组件生产和下游应用,代表企业有浙江隆基乐叶光伏等。衢州已经形成气、液种类齐全,多系列、多品种的高纯、超高纯电子化学材料集聚的格局,代表企业有中巨芯、博瑞电子、凯圣氟、杭氧气体、晓星新材料等。以硅为原材料的材料产业发展迅速,以金瑞泓科技(衢州)有限公司为龙头的电子级硅片生产企业陆续开工生产,可生产6英寸、8英寸、12英寸硅片。

二、彰显工业经济发展韧性,提升"两化"融合程度

2002年,衢州市委确立了"工业立市、借力发展"战略,加快以开发区为重点的平台建设,探索以招商引资为重点的发展路径,培育以"410"产业为重点的投资环境,深入实施"工业提升工程",推动了工业经济的快速发展。

(一)工业经济发展韧性充分彰显

工业总量大幅跃升。2015年,衢州全市实现规上工业总产值

1561.53亿元，突破1500亿元大关；全部工业增加值457.76亿元，占地区生产总值的比重为40%。2021年，衢州全市规上工业总产值实现2494.05亿元，比2020年净增594亿元，超过"十三五"5年的新增产值；规上工业增加值517.91亿元，同比增长13.8%，增速排全省第6位；工业投资同比增长20.2%，增速排全省第2位；数字经济核心制造业增加值57.1亿元，同比增长29.8%，增速排全省第2位。

发展质量稳步提升。2021年，衢州规上工业企业利润总额228.5亿元，同比增长55.7%，增速排全省第2位；规上工业亩均税收16.6万元，同比增长41.1%，增速排全省第2位；规上工业亩均增加值95.1万元，同比增长27.6%，增速排全省第3位。

（二）"两化"融合程度日益深化

推进"机器换人"，制造过程智能化水平不断提升。举办衢州市"机器换人"供需对接会，建立衢州市"机器换人"试验中心（衢州学院机械工程学院），组建"空气动力机械装备与轴承行业"专家指导组、"输配电制造行业"专家指导组和"工业自动化控制"专家指导组等三个"机器换人"专家指导组。涌现出开山集团、明旺乳业、乐叶光伏、维达纸业、捷姆轴承、森拉特等一批成功案例，拥有禾川科技（龙游）、亿洋智能（龙游）、永力达（市本级）、凡工电气（常山）、衢州中科数字化工程技术有限公司等一批智能装备制造企业。江山木门家具被列入省级"机器换人"分行业推进试点。江山市被列入2015年省级"两化"深度融合国家示范区。衢州市巨化集团和江山化工股份有限公司被列为化工行业示范企业；开山压缩机有限公司被列为机械行业示范企业；仙鹤特种纸有限公司被列为造纸行业示范企业。

三、提升研发创新水平，深挖循环经济发展潜力

近年来，衢州紧紧抓住创新这个"牛鼻子"，通过科技创新加快改造衢州传统产业，以更高的站位、更宽的视野，主动对接和融入长江经

济带,通过跨区域创建创新飞地,打造山海协作工程升级版。

(一)研发创新水平持续提升

通过共建创新载体,聚集科技、人才、项目等创新资源,补好创新平台建设滞后的短板,加快科技成果产业化步伐,为衢州营造"大环境"、建设"大配套"、深化"大协作"、打通"大通道"聚焦发力。2021年,全市 R&D 费用支出为 36.6 亿元,较 2020 年增长 24.6%,R&D 投入强度提升 0.16 个百分点;规上工业企业 R&D 费用 66.52 亿元,同比增长 45.4%,增幅排全省第 3 位;高新技术产业投资增长 22.4%,排全省第 5 位。创新投入的快速增长为衢州实现高质量跨越式发展提供了有力支撑。

着力加强技术转移服务体系建设,提升科技成果对接服务能力,推动技术市场交易提质增效,实现技术创新产出能力全面提升。2021年,衢州实现技术合同交易额 44.15 亿元,同比增长 39.2%。重大科技成果不断涌现,2021 年,衢州组织实施市级科技攻关(揭榜挂帅)项目 110个、承担国家重点研发计划项目 1 个、省级重点研发计划项目 16 个。

(二)深挖循环经济发展潜力

衢州为践行"绿水青山就是金山银山"理念,切实做好生态工业文章,水、气质量优中再优。水环境质量方面,衢州跻身全国水质考核前30名"红榜",在全国 338 个地级市国家地表水考核断面水环境质量排名中居第 23 位;连续 7 年夺得大禹鼎,并成为首批获得金鼎的 3 个设区市之一;出境水水质连续 5 年保持Ⅱ类以上,21 个市控以上断面、5 个跨行政区域交接断面、8 个集中饮用水水源地水质实现 100%达标,全部达到Ⅱ类以上。空气质量方面,衢州市 PM2.5 浓度均值为 24微克/米³,同比下降 8%,空气质量优良率 95.6%,市、县城市空气质量全面优于国家二级标准。衢州市、常山县被评为浙江省清新空气示范区。衢州成功列入国家循环经济示范城市、国家低碳城市等 8 个国家级试点,成为全国唯一的国家级循环经济试点示范"大满贯"市,95 个

试点支撑项目已全部建成投产。降耗成果明显,"十三五"期间,单位
GDP 能耗降幅在全省排第 3 位;2021 年第一季度,单位 GDP 能耗降幅
在全省排第 2 位,工业用电量增长控制幅度在全省排第 1 位。2021 年,
衢州被生态环境部命名为国家生态文明建设示范区,成为全省同时收
获国家生态文明建设示范区和"绿水青山就是金山银山"实践创新基地
两块金字招牌的 2 个设区市之一;龙游县、常山县获评省级生态文明建
设示范县,衢州实现全市省级生态文明建设示范市县全覆盖。

第二节　坚持创新驱动,引领工业经济高质量发展

衢州是一个具有特殊性、代表性的发展中地区,目前正处于由工
业化的中后期向后工业化时期转变阶段,过去支撑衢州经济高速增长
的要素条件与市场环境已发生明显改变。实施创新驱动发展战略,是
基于衢州发展现实,也是新阶段衢州发展的必然选择,更是关系衢州
长远发展的关键举措。近几年,衢州站在建设"活力新衢州、美丽大花
园"的高度,广泛运用智能化技术,促进化工、装备制造、造纸等重点传
统制造业转型升级,加快推进产业提质增效和经济高质量发展。以产
品功能化、质量高端化、品种多样化为主攻方向,加强品牌建设,强化
数字赋能,大力推行数字化、智能化、绿色化改造,推动绿色门业家居、
新型建材、特种纸、金属制品四大传统特色产业集群由规模扩张向创
新发展转变。

一、汇聚创业创新要素资源,构建创新驱动生态体系

衢州以创新驱动厚植发展新动力,把创新驱动摆在更突出位置,
完善有利于创新驱动的制度环境,构建创新生态系统,促进科技创新
与制度创新、管理创新、商业模式创新、业态创新和文化创新相结合,

推动发展方式向依靠持续的知识积累、技术进步和劳动力素质提升转变，不断提升创新能力和水平。

（一）汇聚创业创新要素资源

推进金融创新发展。围绕"绿色产业金融化，金融体系绿色化"，深化省级绿色金融综合改革试点，创建国家级绿色金融改革创新综合试验区，提高绿色金融服务实体经济水平。围绕企业主体，积极开展绿色信贷、绿色保险、绿色基金、绿色债券等金融产品创新，搭建链条化绿色金融机构。积极发展各类股权投资，鼓励企业加快股份制改造，主动对接多层次资本市场。加快农村合作金融股份制改革，构建面向"三农"和小微企业的普惠金融体系，力争成为长三角普惠金融先行区。完善科技金融，创新科技金融合作机制，建立创投引导基金、创投服务中心、科技银行、科技担保"四位一体"的科技金融服务新体系。积极谋划上市融资发展，实施金融支持"四个一百"和"一个四百"工程。设立政府科技创新引导基金，支持企业和市场加大创新投入。规范各类融资行为，加强金融风险监测预警，健全风险处置协调机制，着力提高金融业占生产总值和第三产业增加值比重。

智慧城市助推创新驱动。推动信息技术与工业制造、旅游服务、商贸流通等产业深度融合发展，加强现代信息技术应用，使"互联网＋"成为经济社会创新发展的重要驱动力，全面建成"宽带衢州""数据衢州""智造衢州""智慧衢州""网安衢州"。实施好智慧城市"5336"计划，以信息化手段提升城市管理服务水平，积极支持建设并高效运营"智慧旅游""智慧养老""智慧城管""智慧环保""智慧安监""智慧物流""智慧水利""智慧气象""智慧电网""天网工程"等数据资源平台，实现跨部门、跨行业信息共享、协同，智慧医疗、教育、交通、气象、养老等公共服务基本覆盖全体市民。

加强特色小镇规划建设。按照企业主体、资源整合、项目组合、产业融合的原则，把特色小镇作为高端要素集聚新平台、创新发展的新空间和促进经济转型升级的新载体，依托优势资源和特色产业，在全市规划建设一批具有产业特色、文化内涵、旅游功能、社区特征的特色小镇。开展"示范特色小镇"创建活动，实施特色小镇"528"计划，在全市谋划 50 个特色小镇，其中 20 个以上达到市级要求，8 个以上达到省级要求，建设众创空间。加快优秀特色小镇培育和上市步伐，带动关联企业集聚与产业链延伸。聚焦科技、文创与旅游联动发展，打造一批主题乐园小镇。用特色小镇理念改造提升衢州传统块状经济区、服务业集聚区和现代农业园区，支撑县域经济创新发展，培育一批有特色、有潜力的市级特色小镇。

（二）构建创新驱动生态体系

建设高水平区域创新平台。建好用好浙江中关村科技产业园、衢州海创园等公共创新平台，争取国家级、省级标准化专业组织落户衢州，支持各类创新平台向高端、多功能和多元化发展。支持企业自建、共建或并购企业研究院、工程技术中心、重点实验室、技术转移中心等创新载体，积极创建创新联盟，加快发展新型科研机构，不断健全产业技术创新体系。谋划建设"花园 258"、大学生创业园和柯城创客孵化园等一批众创空间，为广大创新创业者提供良好的服务平台。以衢州国家高新技术园区、国家高新特色产业示范区为引领区，争取建设杭州自主创新示范区衢州协作区，共享相关创新试点政策，全力提升发展层次。全力支持各县（市、区）开展全面创新改革试验试点。

强化企业创新主体地位。加快培育创新型企业、高新技术企业和科技型中小企业，引导和支持各种创新要素向企业集聚，着力激发企业创新活力。关注可能引起现有投资、人才、技术、产业、规则"归零"的颠覆性技术，关注氢能、燃料电池、纳米、石墨烯等技术对新能源、新材料产业发展的引领作用，加强产研联动、校企合作、社会协作，推进产学研协同创新基地、产学研联合攻关项目建设，促进科技成果转移转化和产业化。支持衢州学院集聚高端人才创建国家级重点实验室，发挥其在高新技术产业发展和科研项目建设中的支撑作用。拓展企业与欧盟、美国、俄罗斯、韩国等的科研项目合作，加强先进技术的引进、消化、吸收和再创新。落实企业研发费用加计扣除、固定资产加速折旧等政策，推动设备更新和新技术应用。

完善科技创新制度供给。完善政府科技投入机制，健全绩效评价机制，引导企业加大科技创新投入。深化科技金融改革创新，建立健全覆盖技术创新全过程的多功能、多层次的科技金融服务机制。加强对创新产品市场拓展的扶持，推进本地企业新技术、新产品广泛应用。深入对接科技大市场，促进国内外科技成果到衢州交易转化。推进科研项目经费管理改革、科技成果使用处置和收益管理改革，提高科研人员成果转化收益分享比例。加大知识产权保护和管理力度，开展国家知识产权试点示范建设。实施标准创新工程，全面推进质量强市工作，创建全国质量强市示范城市。大力弘扬创新文化，培育企业家精神和创客文化。

二、强化生态工业引领力，加快数字化赋能提级

生态是衢州最大的优势和区域核心竞争力。衢州以绿色发展为主旨，布局美丽经济幸福产业、数字经济智慧产业，努力把生态优势转化为经济优势，让绿水青山源源不断地转化为金山银山，迈出了高质量发展的步伐。近年来，衢州不仅在生态环境质量方面跃居全省前列，而且地区生产总值依然保持快速增长态势，全年全市生产总值从2013年的1056.57亿元增长到2021年的1875.61亿元；城乡居民人均可支配收入年均增长速度也走在全省前列。

（一）强化生态工业引领力

重化工行业在衢州工业中占比近七成，衢州的绿色发展，首先看重化工行业。从2003年开始，衢州通过工业园区循环改造，发展循环经济，撬动重化工业"变绿"，上游企业的"废料"成为下游企业的原料。浙

江豪邦化工是衢州高新园区的一家化工企业，工厂原本设在福建，通过公路从巨化集团运输氯化氢到福建生产环氧氯丙烷。在衢州建厂后，豪邦化工享受循环经济的红利，巨化集团及高新园区氟硅企业生产的氯化氢通过管道源源不断地送来，每年使用近5万吨，可降低成本近1亿元。除了氟硅钴新材料外，衢州的电子化学品、锂电新材料等产业，以及城市固废协同处理等方面，通过循环改造，也都实现物料闭路循环、副产物交换利用、能源梯级利用、固废和污水循环利用。有了这样的绿色生态产业链网，2020年衢州高新园区内循环经济产业链关联度达94%，工业固体废物综合利用率达99%，工业用水重复利用率达96%。

在工业逐渐变"绿"的同时，生态资源也在"变现"。衢江区上方镇为保护生态关停了石灰土窑，推动产业转型，完成了碳酸钙行业的整治，重新迎回绿水青山，发展生态经济。在风景优美的金扬村，白茶产业从无到有、从小到大。2020年村内有1800多亩茶园，年产值增至1200万元以上，为本村和邻村提供就业岗位1000人以上。依靠白茶产业，金扬村2019年获得经营性收入10.8万元，较2018年增长35%；农民人均年收入2.2万元，较上年增长9.7%。从绿水青山到美丽风景，再转换成美丽经济，这是一条可持续发展之路。2020年衢州美丽沿江公路全线通车，串起总长280公里、面积1000平方公里的"衢州有礼"诗画风光带。这是衢州美丽经济幸福产业发展的主平台，囊括了百余个预计总投资过千亿元的绿色项目。

（二）加快数字化赋能提级

四省通衢的衢州，经济规模、发展水平并不显山露水。近年来，依托数字产业集群，衢州蹚出一条后发赶超、创新引领的新路子。

发力数字经济智慧产业。近年来，衢州全力打造"全国数字经济第一城副中心城市"和"四省边际数字经济发展高地"，引进设立的东南数字经济发展研究院、电子科大"四院"、浙大衢州"两院"等，成了衢州打造数字经济创新的策源地和人才的聚集地。衢州还依托智造新城高端电子材料"万亩千亿"新产业平台,重点推进电子化学品、集成电路、光伏新能源、智能装备制造等数字经济产业集群培育,并先后引进阿里巴巴、华为、海康威视、浪潮集团、网易严选、中兴克拉、智网科技、安恒信息等一大批互联网领军企业,助推"数字产业化、产业数字化"。截至 2021 年 12 月,衢州重点工业企业的装备数控化率、工业企业机器联网率分别达到 63.34%、47.73%,超过浙江全省平均水平。而 2020 年,全市就新增工业机器人 500 多台,新增上云企业 1900 家。

赋能新材料产业。衢州是国内唯一具备氟、硅两大产业发展基础的国家级氟硅新材料产业基地。这块"国字号"招牌背后,是以集成电路产业、高端电子化学品产业、锂电池新材料产业为重点,包含价值链、企业链、供需链、空间链的整个数字经济产业体系,集聚了巨化、华友、金瑞泓、韩国晓星、中巨芯、杉杉新材料、永正锂电等一大批先进制造企业。

聚焦优势产业。加快实施一批产业数字化和产业链协同创新项目,打造具有衢州特色的数字经济标志性产业链。衢州加大"卡脖子"核心技术攻关力度,推动价值链加快向"微笑曲线"两端攀升。同时,紧跟国家关键核心技术规划,谋划布局新一代人工智能、5G 应用、区块链等数字技术产业,积极引入数字前沿科技的国产化重大产业项目,不断增强衢州高质量发展竞争力。以"新路径"推进区域发展弯道超车,衢州跑出"加速度"。衢州成立东南数字经济发展研究院,引聚数字经济高端人才 179 人,孵化 5 家科技型公司,先后服务 600 余家市内外企业和政府部门,有力助推数字经济、智慧产业发展。2021 年前三季度,衢州市数字经济核心产业营业收入 172 亿元,同比增长 21.9%,超过浙江平均水平 10.5 个百分点,数字经济核心产业制造业增加值为 24.63 亿元,同比增长 23.5%。

三、培育雁阵式企业梯队,增强梯级平台承载力

2012 年以来,衢州通过实施工业转型升级十大专项,推动"主导

产业高端化、特色产业规模化、传统产业高新化",走出了一条互动互补、集聚集约、创新创优、绿色低碳高效的新型工业化之路。2011—2021年,全市规上工业企业从785家增至1105家,规上工业产值从1328.6亿元增至2494.05亿元,利税从115.5亿元增至192.07亿元。

工业平台做大做强。 2012年10月15日,衢州绿色产业集聚区、国家级衢州经济技术开发区、衢州国家高新技术产业园区、衢州综合物流园区"四区合一",衢州绿色产业集聚区正式挂牌,在全省率先整合改革为"一个平台、一张蓝图、一套班子、多块牌子",实现实体化运作,衢州城市发展迎来了跨时代的变革。

产业发展转型升级。 金属制品、建材、绿色食品、特种纸等传统产业转型提升,氟硅新材料、先进装备制造、太阳能光伏新能源、电子信息产业等战略性新兴产业发展态势良好,建成中国氟硅新材料、国家空气动力机械、中国高档特种纸等一批"国字号"产业基地,衢州被列入首批国家循环经济示范城市。

主体培育取得突破。 企业上市取得重大突破,2021年,全市有亿元以上企业397家(按法人统计),其中百亿元以上企业1家(衢州元立金属制品有限公司),十亿元以上企业45家,较2020年增加12家。全市新增A股IPO排队企业7家,新增主板上市企业5家,总数达到11家,总市值超过1300亿元。同时,新引进韩国晓星、西安隆基、杭州立昂、锦禾农机、中浙轴承等一批工业大项目、好项目。

创新能力不断提升。 大力推进创新驱动发展战略,建立了衢州海创园、浙江中关村科技产业园、浙江氟硅技术研究院、浙江中韩(衢州)产业合作园等一批创业创新平台。截至2021年末,新增国家高新技术企业113家、科技型中小企业301家,新增省级企业研发机构19家,其中新增省级重点企业研究院3家、省级企业研究院2家、省级高新技术企业研发中心14家。高新技术产业增加值占规上工业增加值比重达53.79%。

(一)培育雁阵式企业梯队

衢州组织实施"培大育强""专精特新企业培育"等专项行动,抓大不放小,努力形成大中小企业梯队发展格局。

大力培育链主型龙头企业。实施龙头企业"培大育强"行动,按照"一名领导、一个部门、一套方案、一支专班"的机制,支持巨化、开山、仙鹤等"雄鹰行动"培育企业和有实力的龙头骨干企业对标全球行业标杆,汇聚整合全产业链或跨产业资源,发展成为领军型企业,打造世界一流大企业。实施头部企业"第二总部"招引计划,围绕产业链提升需求,大力吸引跨国公司、上市企业、行业龙头、国有企业将"第二总部"落户衢州。聚焦氟硅新材料、电子化学品、空气动力装备等集成度、生产协作度较高的重点产业链,培育一批具有国际竞争力、产业带动作用强的产业链链主企业,提升产业链控制力。深入推进"凤凰行动",鼓励企业围绕产业链和供应链实施兼并重组,整合资源实现超常规发展。

促进中小企业梯次融通成长。深入推进"雏鹰行动""放水养鱼"行动计划,引导企业深耕行业细分领域,做专做精、做优做久。推进企业"专精特新"高质量发展,培育一批掌握独门绝技、占据独特市场地位的隐形冠军企业、单项冠军企业和"小巨人"企业。依托科技企业"双倍增"行动,建设一批创新型企业孵化基地,在高新技术产业、战略性新兴产业、高技术制造业领域培育一批创新型、科技型中小企业。健全完善中小企业服务平台和创业创新平台,持续开展企业"上规行动",强化政策引导,在用地、融资、减负等方面,对"小升规"重点培育企业和新升规企业给予重点支持,助推企业入规升级。

提升现代化经营管理水平。实施管理现代化对标提升行动,引导企业针对性开展对标诊断、培训实训、对标提升、达标激励等,全面提升企业管理水平。鼓励民营企业家弘扬新时代浙商精神,参与"品质浙商提升工程"、"浙商青蓝接力工程"、新生代企业家"双传承"计划,培育一批具有制造强国情怀和社会责任担当的新生代企业家。全面落实《浙江省民营企业发展促进条例》，构建亲清政商关系，营造各类市场主体公平竞争的发展环境。强化民营企业合法权益保障，精准帮扶生产经营暂时困难的企业，提升企业对复杂环境的应对能力，培育一批"双循环"新格局下的现代化市场主体。

（二）增强梯级平台承载力

推进工业主平台能级提升。实施园区主平台"亩均效益"领跑者行动，加快智造新城和龙游、江山、常山、开化省级经济开发区整治提升，推进园区土地"二次开发"，盘活园区存量资源，提升土地利用效益。按照生产、生活、生态"三生融合"的理念，推进园区管理信息化、基础设施智能化、公共服务便捷化，实现园区从单一的生产型向综合型城市经济转型，增强主平台对产业和人才的集聚力、承载力、吸引力。全力推进高端电子材料"万亩千亿"新产业平台、中国电子化学材料产业园、浙江时代锂电材料国际产业合作园建设，智造新城争创浙江省制造业高质量发展示范园区，引领全市工业平台向高能级跃升。

推进高新园区扩面进位。推进衢州国家高新技术产业开发区提质扩容，保障拓展空间，确保后续发展。聚焦高新技术企业数、规上工业增加值、亩均税收、研发投入、单位增加值综合能耗等关键指标，着力调整产业结构，补齐发展短板，培育一批国内领先、国际一流的企业和产品，力争到2025年，衢州国家高新技术产业开发区排名进入全国前70名。持续推进江山智能装备、龙游精密高端装备制造两个省级高新区建设，努力实现争先进位。全面启动常山、开化省级高新园区创建申报工作，提升县域创新能力，实现市域高新园区全覆盖。

推进小微企业园提质扩量。按照"特色化布局、标准化建设、市场化运营、统一化决策"的原则，完善小微企业园布局，优化小微企业发展空间。加强集聚集约提升发展，构建以小微企业园、特色工业小镇、"双创"平台等为代表的立体化功能支撑平台。以搬迁促改造促规范，推动布局分散的小微企业入园集聚，严格特色产业园、小微企业园入园把关，探索综合运用亩均效益、数字化水平、科技创新等指标,建立企业入园审核、动态管理及退出机制。鼓励政府和社会资本等多元主体参与小微企业园建设,建立"开发—运营—管理"新机制。支持引入专业园区运营机构,推动园区市场化、专业化运作,创建一批省级星级小微企业园。力争到2025年建成小微企业园40个,推进800家以上小微企业入园。

第三节　赋能科技创新,提升产业链现代化水平

党的二十大报告强调,必须坚持科技是第一生产力、人才是第一资源、创新是第一动力。科技创新是驱动发展的不竭动力。衢州政企协同发力,重点攻关产业链、供应链存在的薄弱环节,突破关键技术"卡脖子"的问题,增强经济竞争力、创新力、抗风险能力,打造未来发展新优势。

2012年,衢州启动重点创新团队建设,先后命名3批共32个创新团队,其中建在企业的技术创新类团队18个,建在高校科研机构的科技创新类团队12个、文化创新类团队2个。32个重点创新团队近年来共引进高层次创新人才130多人,建立了官春云、陈克复、倪永浩、毛江森、郑树森等5个院士的专家工作站。重点创新团队依靠科技进步,提升企业的核心竞争力,为衢州主导产业的绿色发展、转型发展提供了科技与人才支撑。2013年以来,重点创新团队积极开展科研活动,实施科技创新项目200多个。18个企业技术创新团队聚焦主导产业的关键技术瓶颈,研发了高端氟硅产品、电子化学品、动力电池材料、高端特种纸材料、生物制药、螺杆膨胀发电机、智能输配电设备等高新技术产品,取得了一大批具有自主知识产权的科技成果,推广了一大批绿色制造、智能制造新技术。

一、着力培育链主型企业，打造高能级产业大平台

引进一个项目，发展一家企业，壮大一个园区，这就是产业链的力量。高质量发展时代是产业链竞争时代，必须做大做强产业链。衢州是全省重要的化工产业基地之一，化工新材料产业是当地工业经济中优势最明显的行业之一，目前拥有 6 个经省认定的合格化工园区（集中区），2020 年全市化工新材料产业规上产值 400 余亿元。2021 年，衢州 12 项主要经济指标增速全部排全省前 6 位，其中 8 项指标排全省前 3 位；规上工业产值增长 29.8%；规上工业企业利润总额增长 55.7%，两年平均增长 33.6%。衢州已初步形成氟硅新材料、动力电池材料、电子化学品、特种功能材料与精细化学品等化工新材料产业链。

（一）着力培育链主型企业

近年来，衢州重点打造新材料、新能源、集成电路、智能装备、生命健康、特种纸等六大标志性产业链，聚焦链主型企业的产业优势，着力培育链主型企业（见表 1-1）。聚力企业主体做强做优，深入实施"雄鹰行动""凤凰行动""雏鹰行动""放水养鱼行动"和单项冠军培育行动，打造一批行业领军企业和链主型企业，制定"一企一策"培育方案，培育一批具有生态主导力和核心竞争力的世界一流企业。加大企业上市和并购重组力度，实施新一轮科技企业"双倍增"计划。聚焦产业重点领域和关键环节，分类组建产业链上下游企业共同体，优化产业链分工协作体系。力争到 2025 年，全市新增 500 亿元企业 1 家、300 亿元企业 2 家、100 亿元企业 3 家以上，上市企业达到 20 家，建设 20 家左右企业共同体，形成一批创新能力强、经济效益好、产业带动力大的链主型企业。

表 1-1 衢州市主要产业链及链主型企业

产业链类型	主产业链	龙头企业
新材料产业链	氟硅新材料	巨化集团公司
		浙江中天东方氟硅材料股份有限公司
	电子化学材料	衢州华海新能源科技有限公司
		浙江中宁硅业有限公司
	动力电池材料	衢州华友钴新材料有限公司
		杉杉新材料（衢州）有限公司
新能源产业链	光伏新能源产业	浙江隆基乐叶光伏科技有限公司
		一道新能源科技（衢州）有限公司
集成电路产业链	集成电路产业	金瑞泓微电子（衢州）有限公司
		浙江禾川科技股份有限公司
智能装备产业链	智能装备产业	浙江开山压缩机有限公司
		浙江红五环精密制造有限公司
		浙江志高机械股份有限公司
		浙江金沃精工股份有限公司
		中浙高铁轴承有限公司
		斯凯孚中国小圆锥滚子轴承（衢州）
生命健康产业链	生命健康产业	浙江明旺乳业有限公司
		龙游伊利乳业有限责任公司
		浙江华康药业股份有限公司
		浙江康德药业集团股份有限公司
特种纸产业链	特种纸产业	浙江衢州仙鹤特种纸有限公司
		浙江夏王纸业有限公司
		五洲特种纸业集团股份有限公司
		维达纸业（浙江）有限公司

（二）打造高能级产业大平台

以高能级战略平台为引导，整合提升开发区（园区），全力创建打造智造新城"千亿级规模、百亿级税收"高能级战略平台，整合形成一批高质量骨干平台，建设一批"专精特新"特色化基础平台。加快提升平台对产业、项目和人才的集聚力、承载力、吸引力。深化实施园区数字化、网络化、绿色化改造，提升园区信息化建设和运营管控水平。加快推进高端电子材料"万亩千亿"新产业平台、衢州中韩国际产业合作园建设。浙江大学衢州研究院、电子科大长三角研究院（衢州）、东南数字经济发展研究院等高能级科创平台在实验室建设、人才引进、科研攻关等方面取得新进展。2020年，浙大衢州"两院"有109名研究生和22个科研团队入驻，申请发明专利40多项，发表论文20余篇，其首个产业化科研成果——等离子体技术产业化项目在衢州落地建成；电子科大长三角研究院（衢州）有副高以上职称的专家16名、研究生和博士后100余名，并组建科研团队6个；东南数字经济发展研究院在各县（市、区）和创新飞地建成十大分院平台，先后引进高层次人才91名，全部是硕士以上学历，全部拥有数字经济相关专业背景，且外省人才占比超过80％。实施产业数字化改造项目50个，孵化数字经济企业6家。新获批省级产业创新服务综合体4家、省级新型研发机构3家、省级重点实验室1家。推进衢州国家高新区和江山、龙游2个省级高新区建设。2020年，3个高新区实现高新技术产业增加值113.83亿元，占全市的比重为58.1％。设在杭州、上海、北京、深圳的4个"科创飞地"入驻企业108家，引进硕士研究生及以上人才216名，导流回衢创办企业36家。

二、推动产业链协同创新，强化产业链核心人才培育和引领

近年来，衢州全域推进产业创新服务综合体建设，围绕产业链布

局创新链,围绕创新链布局产业链,支撑引领千亿级特色产业集群发展。

（一）推动产业链协同创新

实施产业链协同创新工程,实施一批产业链协同创新和急用先行项目,推动一批"卡脖子"关键核心技术攻关及其产业化与应用。实施产品升级改造计划,加大新技术、新产品开发力度,打造一批战略性技术产品和重点项目。

做大做强产业链,将综合体建设作为千亿级特色集群产业裂变的"反应堆"。坚持"产业培育的重点在哪里,综合体建设就落实在哪里",把综合体建在产业上。2017年以来,在衢州氟硅钴新材料、空气动力装备、数字经济等战略性新兴产业,以及江山木门、龙游特种纸、衢江高性能纸及纤维复合新材料等传统优势产业,常山油茶、柯城柑橘等现代农业等领域,布局了一批省内领先、业内知名的产业创新综合体,持续推动"5459"大产业创新体系落地见效,实施省市县三级梯度培育,最终实现县域块状经济、优势特色产业全覆盖。例如,氟硅钴产业创新服务综合体依托国内氟化工龙头企业巨化集团,形成了氟材料、硅材料、锂电新材料、电子化学材料联动产业链,搭建产业裂变发展的创新平台。2019年,氟硅钴新材料产业在产品价格骤降的大背景下,产值仍达到371.22亿元,营收达到390.54亿元,实现了逆势上扬。

引才引智补短板,将综合体建设为集聚高层次人才的"强磁场"。深化落实"1＋8"人才工作体系,始终坚持人才是发展产业的第一要素。强化"产业链、创新链、人才链"的融合,围绕产业培育,加快高端人才集聚,柔性引进领军人才、领军团队,加强"一楼一镇两园六飞地"等创新平台建设,促进人才、技术、成果、知识资本等创新要素有效汇集,着力构建功能层次明晰、资源开放共享、支撑作用显著的产业创新服务综合体。

创优创新模式,将综合体建设为驱动产业发展的"助推器"。坚持顶层设计与基层探索并重,充分利用好建设导则、建设计划等,结合本地产业发展实际和资源禀赋,高标准编制建设规划,确保综合体有特色、有路径、有抓手、有实效。坚持政府和市场主导并推,一方面,注重发挥政府在资源统筹等方面的作用,以"最多跑一次"改革理念为指导,统筹科技、经信、发改、市场监督等部门力量,实现集成服务;另一方面,引入第三方机构,依托科研院所,让专业的人做专业的事,最终实现政府获益、产业得利、企业受惠。目前,衢州氟硅钴新材料综合体采用"政府+国有企业"模式,江山木门、柯城柑橘、衢江高性能纸及复合纤维新材料等综合体采用"政府+龙头企业"模式,龙游特种纸、衢州空气动力装备产业创新服务综合体采用"政府+高校"运营模式,常山油茶采用"政府+委托第三方"运营模式。坚持产业链与服务链融合,聚焦产业全链条服务,大力发展研究开发、技术转移、创业孵化、科技金融、知识产权等各类服务机构,搭建科技服务新模式。充分利用"科技三服务""驻企联络员"等活动载体,多次召开综合体建设现场会,整合创新服务链条的资源,做到互学互看、互融互通。2020年,共收集239个企业难题,其中,现场解决176个,联合本部门及其他部门研究后解决63个,办结率100%,综合体服务企业共计23463家次。

(二)强化产业链核心人才培育和引领

"十三五"期间,衢州引进海外工程师23名,创建省领军型创新团队3个,建立市重点创新团队21家,认定企业"首席技术官"107名。2020年,全社会R&D人员数8000人年,每万名就业人员中R&D人员数60人年,分别比2015年增长57%、151%。近年来,为推动人才强省、创新强省战略落地,打造四省边际人才集聚的"桥头堡",衢州利用多种方式招才引智,研发人员数逐年大幅增长(见表1-2)。加强产业高端人才引育,强化科技创新人才队伍建设,着力打造更优人才生态,广泛吸引集聚人才和智力。积极对接国内外科研院所,畅通高校、科研院所与企业人才合理流动渠道，鼓励高校、科研院所与企业加强合作，开展产业链关键核心技术与断链断供技术攻关。

表 1-2 2018—2020 年人才主要指标数据

单位：人

指标	2018 年	2019 年	2020 年
新引进省级以上"引才计划"人才	4	4	2
浙江省"海外工程师"引进人才	0	2	4
新晋升高级职称人才	882	888	940
新引进博士	142	175	376
新引进硕士	560	728	1259
新引进大学生	26518	34556	38604
新增高技能人才	8883	10053	11408

数据来源：衢州市委组织部。

三、加快开放型经济发展，推动工业高质量发展

（一）加快开放型经济发展

衢州按照浙江省委、省政府"八八战略"再深化、改革开放再出发的部署，紧扣高水平全面建成小康社会目标任务，力争"为发展聚力、为企业赋能、为小康增色、为治理提效"。聚焦大花园，坚持东融西进，更加积极主动地融入长三角一体化发展，在浙闽赣皖四省边际主动牵引，打造四省边际中心城市和浙江对内开放桥头堡；聚焦大通道，加快打造空铁公水"四位一体"现代综合交通枢纽，进一步打开"绿水青山"向"金山银山"转化的通道；聚焦大科创，外建飞地、内造平台，加强与浙江大学、电子科技大学等高校的合作，吸引更多高端人才、创新资源在衢州集聚。

（二）推动工业高质量发展

衢州以高质量发展为主题，以数字化改革为牵引，以新材料、新能

源、集成电路、智能装备、生命健康、特种纸等六大标志性产业链为核心,聚力打好产业基础高级化、产业链现代化攻坚战,着力构建"1＋4＋4"现代产业体系。聚力做强新材料产业,全力做大高端装备、电子信息、新能源、生命健康四大新兴产业,全面提升特种纸、绿色门业家居、新型建材、金属制品四大传统特色产业,加快布局量子信息、基因技术、未来网络等未来产业,推进先进制造业集群发展,打造衢州制造业未来发展新优势。

第二章 打造四省边际中心城市，实现城市能级大跃升

党的二十大报告指出，"高质量发展是全面建设社会主义现代化国家的首要任务"，"我们要坚持以推动高质量发展为主题"，"着力推进城乡融合和区域协调发展，推动经济实现质的有效提升和量的合理增长"；促进区域协调发展，要"深入实施区域协调发展战略、区域重大战略、主体功能区战略、新型城镇化战略"，从而"优化重大生产力布局，构建优势互补、高质量发展的区域经济布局和国土空间体系"。

习近平同志在浙江工作期间，多次到衢州考察调研，对衢州提出了"打造四省边际中心城市"等一系列重要嘱托。[①] "八八战略"实施以来，衢州历届市委、市政府牢记嘱托，强力推进创新深化、改革攻坚、开放提升，奋力推进高质量跨越式发展，加快打造四省边际中心城市。

第一节 创新城市发展理念，打开城市发展新格局

衢州区位优势独特，历来是兵家必争之地。1985 年撤地建市后，衢州市委、市政府积极探索四省九市相互协作机制，为加快省际合作与发展步伐奠定基础、创造条件，也为衢州的加快发展创造了更多机

---

① 《省政府新闻办举行庆祝新中国成立 70 周年专场发布会 衢州践行"八个嘱托"续写"八八战略"新篇章》，《浙江日报》2019 年 8 月 31 日。

遇。特别是 2002 年习近平同志到衢州考察调研后，衢州按照"立足浙江省、依托长三角、辐射闽赣皖、面向中西部"的原则推动各项工作，进一步创新城市发展理念，打开城市发展新格局，积极打造四省边际中心城市。

一、四省通衢、五路总头，四省九市相互协作的积极探索

衢州位于金衢盆地西部，南接福建，西连江西，北邻安徽，省内与杭州、金华、丽水接壤，历来有"四省通衢，五路总头"之称。南朝陈武帝永定三年（559 年），首设郡州级政区，谓之信安郡，领信安、定阳两县。中华人民共和国成立初期，衢州行政建制变动频繁，直至 1985 年 5 月 15 日，国务院发出《关于同意浙江省撤销金华地区实行市管县给浙江省人民政府的批复》（国函〔1985〕68 号），撤销金华地区，设地级金华市和衢州市。

撤地建市后，新成立的衢州市委、市政府班子分析了衢州的实际情况，认为有三大优势：一是农业优势，农业资源丰富，特别是有大片黄土丘陵有待充分开发利用；二是工业优势，化工、水电、建材在全省占有重要地位，同时省委决定衢化下放市里管，对全市工业的发展将起很大的带动作用；三是市场优势，由于"四省通衢"的区位特点，计划经济时期赣闽部分地区与衢州同在一个计划供应区。

在此基础上，1986 年，衢州市主要领导率县（市、区）委书记和市级部门负责人，赴闽赣皖三省毗邻地区，就经济技术横向联系事宜进行访问。同年底在福建省南平市召开闽浙赣皖毗邻九地市横向经济技术协作联席会议，通过了《闽浙赣皖毗邻九地市横向经济联合章程》，签订了一批经济、技术、物资、科研等联合项目的协议。2002 年，衢州成为第二届七次联席会议的东道主，积极开通"九方协作网"，网站先后开通《九方快讯》《九方政策》《九方招商》《电子商务》《信息发布》等栏目。2005 年更是根据衢州市的申请，经三届一次联席会议和

秘书长会议反复研究，决定把第三届九方经济区联络处设在衢州市。多年来，四省九市协作在跨区域交通建设、旅游合作、安全联防等方面发挥了积极作用。

二、创新理念、接续奋斗，"打造四省边际中心城市"的演进发展

（一）"四省边际中心城市"战略定位的提出

1985 年，浙江省政府批准《衢州城市总体规划（1983—2000 年）》，首次提出了衢州的发展定位：浙江省重要化工基地，浙西政治、经济、文化中心。1986 年，衢州市第一次党代会报告和衢州市人大一届二次会议《关于衢州市第七个五年计划的报告》明确提出"通过几年努力，把衢州建设成为我省重要的农副产品基地和化工、建材基地，成为我省联结闽赣皖三省边境的交通枢纽和商品交流中心"。

进入 20 世纪 90 年代，我国对外开放的重心已从珠江三角洲地区向长江三角洲地区转移。处于沿海省份的内陆地区和东西经济走廊的衢州，只有主动顺应沿海经济开放和发展的新格局，积极实行全方位开放，才能使区域经济从封闭型的发展格局走向开放型的发展格局。为了抢抓 20 世纪最后十年的发展机遇，衢州市委、市政府全面开展经济与社会发展战略研究，提出了 2000 年经济发展战略总体目标：把衢州建设成为浙西农工贸综合发展的工业基地和贸易中心。随后制定的《衢州城市总体规划（1988—2000 年）》也提出了中心城市的新定位：浙西的政治、经济、文化中心，浙江省重要化工基地，四省边际地区重要商贸城市。

20 世纪末以来，从世界范围来看，拉动经济增长的重要动力源于一系列的地区性实体。就国内而言，长三角经济圈、珠三角经济圈和环渤海经济圈已成为我国经济实力最强、最具活力和发展潜力的地区。跳出衢州谋划衢州，按照扩大开放、强化协作、借力发展的理念，

在区域协作共赢中提高竞争力，形成四省边际中心，是省委、省政府对衢州提出的要求。1999年，《浙江省城市化发展纲要》中明确提出把衢州培育成省级边界地区中心城市。2000年，市第四次党代会报告明确提出了"努力培育四省边际中心城市"的响亮口号。衢州市"十五"计划纲要中进一步提出，"到2010年，初步确立四省边际中心城市的地位"。

（二）衢州历届市委、市政府的接续奋斗

2002年以来，衢州市委、市政府站在全省发展的高度，着力打造浙江省对内开放的西部门户，这也是提高衢州开放度的有力举措。衢州坚持东联西拓、互联共赢的原则，按照"立足浙江省、依托长三角、辐射闽赣皖、面向中西部"的原则推动各项工作，积极打造四省边际中心城市。

2005年，衢州市第五次党代会提出，加快培育以"一个中心、四个县城"为主体的浙西城市群。2006年，《衢州市城市总体规划（修改）（2006—2020）》（2014年6月经省政府批准实施）将衢州的城市性质确定为"四省边际中心城市、国家历史文化名城、生态园林城市"。

2012年，衢州市第六次党代会提出，加快建设内陆型综合交通枢纽、物流中心和省际产业集聚平台，真正成为四省边际中心城市和浙江乃至长三角地区辐射闽赣皖、连接中西部的对内开放门户。

2017年，站在历史新方位，参照新标准，衢州市委、市政府提出，紧紧抓住交通先导、城市赋能、产业创新三个事关衢州未来发展的重大问题，勇立绿色发展潮头，奋力推进"绿水青山就是金山银山"实践，将衢州建设成为浙江内陆开放桥头堡、沿海纵深内陆大通道、消费升级时代新蓝海、幸福产业发展新高地，打造四省边际中心城市。

三、放眼全局、谋划本域，高水平高起点定位衢州城市发展新目标

（一）着眼发展全局，高水平谋划战略定位

放眼全局谋一域，把握形势谋大事。随着我国经济由高速增长阶段转向高质量发展阶段，区域经济发展格局和区域空间结构正在发生深刻变化，中心城市和城市群正在成为承载发展要素的主要空间形式。衢州把握机遇，乘势而上。2020 年 8 月，衢州召开市委七届八次全体（扩大）会议，明确提出以加快建设四省边际中心城市为目标，吹响了新时代城市发展的集结号。衢州再一次站在新的历史起点，深刻领悟"在危机中育新机、于变局中开新局"，夺取建设"重要窗口"开局胜利，认真谋划城市发展的目标、定位、方向、路径，真正走出一条符合衢州实际、具有衢州特色的新型城市化道路。

（二）拥抱未来，高起点设计发展蓝图

衢州在尊重城市规律的前提下，高起点科学规划城市发展路径，有效地激发了城市生命体发展活力，提升了城市综合竞争力。衢州突出质量取胜、特色取胜、功能取胜、魅力取胜的理念，以独特的区位优势，在所处地理区域范围内发挥更大的辐射、集散功能，在品质上带动邻近地市和中西部地区，打造城市理想空间，发挥引领示范作用；从城市战略和区域发展的高度，大手笔地勾画出"大小三城"的宏大蓝图，确定了未来的空间发展战略和中心城区的空间结构，力争在新一轮城市发展中打造最优环境、最强动力、最好生态的省际内陆高质量发展的样板城市。

（三）立足现实，高定位凸显特色发展

衢州有生态优势和传统农产品优势，有丰厚的资源优势，且地处四省交界，铁路、公路、航空运输都十分方便，到邻省周边地市都在两

小时车程以内，市区到所属各县已基本形成"半小时交通圈"。面对打造"一座江南山水城市、生态宜居城市、创新活力城市"的高标准愿景，衢州把原有山水生态的保护、开发和提升工作，作为打造四省边际中心城市的坐标原点，把好山好水好风光融入城市，遵从城市山水自然之肌理布局城市之功能、建造城市之建筑，做到自然生态、空灵水灵、大气开放、留空留白，让城市和自然和谐相融，打造一座"把家轻轻地放在大自然中"的既有山水之美又有生活气息的魅力城市。

第二节　坚持人民至上，打造人本宜居城市

2020 年 8 月 6 日，中国共产党衢州市第七届委员会第八次全体会议通过《中共衢州市委关于深入践行习近平同志重要嘱托加快建设四省边际中心城市的决定》，明确了总体目标，即深入践行习近平同志寄予衢州的重要嘱托，坚持"人民城市人民建，人民城市为人民"，坚定不移地走以集聚人才集聚青年为导向、以山水融合生态宜居为特色、以配套完善能级提升为核心的新型城市化道路，围绕"活力新衢州、美丽大花园，发展高质量、治理现代化"的美好愿景，紧扣"大湾区的战略节点、大花园的核心景区、大通道的浙西门户、大都市区的绿色卫城"四大战略定位，唱好大小两个"三城记"，引领衢丽花园城市群发展，加快建设浙皖闽赣四省边际中心城市，努力把衢州打造成为生态文明实践和"绿水青山就是金山银山"实践的标杆城市，以及新型城市化和国际花园城市的实践样本。

围绕各类人群的不同需求，衢州全面优化城市的生产生活、创新创业、社会交往、公共服务等各类功能，更好地体现对全体市民、外来游客的关心关爱，努力打造成为"人人都能切实感受温度"的城市、"人人都能享有品质生活"的城市、"人人都能拥有归属认同"的城市。

一、以满足人的需求为首位，打造一座"人人都能切实感受温度"的城市

本着对人民美好生活向往的有力回应，衢州积极打造"15分钟幸福生活圈"，加快形成"通达、便捷、经济、高效"的城市公共交通；优先布局教育、文化、体育等功能性项目，高标准建设四省边际中心医院，以超前眼光规划建设衢州体育中心、文化艺术和便民服务中心，引进著名的国际学校，高起点规划建设礼贤未来社区、鹿鸣未来社区；加快布局城市新业态，推动商业业态变革；全面打造无障碍环境，制定并严格实施城市无障碍环境设计专项导则，更好地体现对老年人、婴幼儿、残疾人等弱势人群的关心关爱，积极创建全国无障碍设施建设示范城市；以"让城市更聪明一点，让生活更方便一点"为目标，加快推进城市服务精细化、智能化。

二、以强化城市服务功能为宗旨，打造一座"人人都能享有品质生活"的城市

衢州按照"重大交通基础设施＋重大公共服务配套设施""大花园＋大平台""目的地＋集散地"的思路，打造综合交通、商贸物流、教育医疗、绿色金融、人才集聚、美丽经济、数字经济等7个方面的桥头堡，打造功能集成、功能最强的四省边际中心城市。以未来社区理念全面提升人居品质，开展浙江未来社区和国际未来社区"双试点、双认定"，并将未来社区理念推广应用到所有城市新建小区和老旧小区改造；常态化推进城市有机更新，着眼于满足群众多样化、品质化、个性化需求，以入选全国城市体检样本城市为契机，聚焦解决群众反映最强烈的"老小旧远"等问题。深入开展城市赋能十大专项行动，着力解决群众最急最忧最盼的紧迫问题，推动城市能级和品质提升到一个新水平，打造"人人都能享有品质生活"的城市。

三、以高质量集聚人口为目标，打造一座"人人都能拥有归属认同"的城市

人才，尤其是青年人才，影响着一座城市的未来。衢州清醒地认识到，加快中心城市人口集聚是提升城市能级的内生需求，也是衡量城市规模和等级的重要指标。打造四省边际中心城市，必须有一定规模的人口作为支撑。衢州以集聚人才、集聚青年为导向，针对加快中心城市人口集聚提出了"三步走"的具体构想，以能级更高的人才平台体系、具有比较优势的政策制度体系、便捷高效的服务保障体系，打造"人人都能拥有归属认同"的城市。

第三节　扩大全方位区域开放，构建全域开放城市

作为沿海省份的内陆地区，衢州把区域开放作为最大的改革，按照《中共衢州市委关于深入践行习近平同志重要嘱托加快建设四省边际中心城市的决定》，东融西进、东联西拓，借势借智借力，不断提升集散、辐射、带动、服务能力，构建全域开放城市。

一、审时度势，确立"开放兴衢、借力发展"战略

1995 年，衢州建市 10 周年之际，衢州市委以解放思想、加快发展为主题，组织开展"继往开来、再创新业"大讨论，推动了全市干部群众思发展、争发展、快发展。1998 年，适逢改革开放 20 年，衢州市委、市政府提出"开放兴衢"战略。全市开展"解放思想、开放兴衢"大讨论，着力破除封闭排外观念、树立开放开明观念，强调用大市场的眼光看问题，从长远利益定政策，开大门户主动吸纳人流、商品流、资金流、信息流，营造宽松的舆论环境、政策环境、服务环境，热情欢迎外地人前

来衢州办企业。

解放思想带来了一系列的积极转变：更新了群众观念，激发了内在活力，创新了思维方式，扩大了开放领域，拓展了发展途径。衢州市"八五"计划工作报告提出"东联西拓"的战略思想。"九五"计划将"进一步扩大对外开放"作为要点，强调要"积极参与国内外分工和交换，提高与国际经济技术合作和交流的层次，在企业机制、市场规范和管理制度等方面与国际经济通行规则相适应，积极拓展横向经济联合"。"十五"计划把实施"开放兴衢"作为经济社会发展的六个战略导向之一，强调要"树立大开放意识，制定更优惠的政策，营造更宽松的环境，加强衢州与国内外的联系，提高经济发展的开放度"，建设"出省大通道"。这是改革开放以来衢州经济发展思路的一次大转折，从此翻开了衢州经济新的一页。

扩大开放领域、加速区域协作，促进了优势互补，奠定了借力发展的基础。2002年，衢州市委四届五次全会第一次提出"借力发展"的理念。衢州市委、市政府把"借力发展"作为实施"开放兴衢"战略的指导原则和核心问题，对实施借力发展的重要性、原则、途径做了全面阐述。衢州市委提出要牢固树立借力发展理念，以资源换速度、以存量换增量、以产权换市场，在全方位、多层次、宽领域的开放中，寻求新的合作伙伴，创造新的经济增长点，实现衢州经济跨越式发展。

2002年7月，衢州市委四届八次全会提出了"工业立市、借力发展"战略。衢州市委、市政府站在全省发展的高度，以"工业立市、借力发展"战略为指导，发挥浙江省对内开放西部门户的作用，坚持东联西拓、互利共赢的原则，按照"立足浙江省、依托长三角、辐射闽赣皖、面向中西部"的思路推动各项工作，积极打造四省边际中心城市。

二、全域开放，打造四省边际全方位各领域的桥头堡

按照《中共衢州市委关于深入践行习近平同志重要嘱托加快建设

四省边际中心城市的决定》，衢州把区域开放作为最大的改革。向东入群，与上海都市圈、杭州都市圈联动，全力打造长三角的大花园、后花园。向西建群，在四省边际地区、生态旅游协作区主动牵引，联合黄山、南平、上饶，谋划推进四省四市旅游交通建设，合作共建"联盟花园"，努力建设"诗画浙江"中国最佳旅游目的地和世界一流生态旅游目的地。积极响应"构建以国内大循环为主体、国内国际双循环相互促进的新发展格局"的部署，进一步发挥衢州的区位优势，向东入群、向西建群，全力打造四省边际全方位各领域的桥头堡。一是打造综合交通桥头堡。高水平打造四通八达、运能匹配的快速铁路网，层次分明、外联内畅的现代公路网，主干结合、通江达海的内河航运网，多级协同、辐射四省的航空服务网，开放联动、高效便捷的综合枢纽网。二是打造商贸物流桥头堡。大力推动省级新零售标杆城市创建、跨境电子商务综合试验区建设、传统商贸业优势提升，形成更高水平的开放型经济体系。三是打造教育医疗桥头堡。打造四省边际高等教育高地、四省边际职教培训中心、四省边际医疗技术高地。四是打造绿色金融桥头堡。全面深化绿色金融改革，实施融资畅通工程，积极引导企业对接多层次资本市场。五是打造人才集聚桥头堡。打造能级更高的人才平台体系，具有比较优势的政策制度体系，便捷高效的服务保障体系。六是打造美丽经济桥头堡。持续打响"南孔圣地·衢州有礼"城市品牌，加快建设"衢州有礼"诗画风光带、浙皖闽赣国家生态旅游协作区，打造"运动健康之城"。七是打造数字经济桥头堡。高质量推进数字产业化、打造产业新高地，高效能推进产业数字化、打造经济新业态，高水平推进数字新基建、打造"数字孪生"城市。

三、继往开来，开启四省边际中心城市建设新征程

（一）跨越发展，纵深推进衢州城市化建设

衢州城市发展在经历了 20 世纪 80 年代的"南湖时代"、90 年代的

"泛南湖时代"以及21世纪初的"衢江时代"后，迎来了形态最好、功能最强、环境最优的大小两个"三城记"。按照打造四省边际中心城市的要求，目前完成国土空间"三区三线"多轮试点规划工作，未来发展战略空间基本明确。全域推进未来社区建设，23个项目纳入省级四批试点（创建）名单，试点数居全省前列。公共服务能力快速提升，高铁新城外国语学校、四省边际中心医院、体育馆等一批标志性项目投入使用。加快实施老旧小区改造，2021年开工48个改造项目，投入资金2.2亿元，改造面积90万平方米，改造户数10203户。南孔古城·历史街区、核心圈层·城市阳台、高铁新城·未来社区"小三城"和智慧新城、智造新城、空港新城"大三城"的发展格局基本形成，机场迁建选址获批，杭衢高铁加快建设，一批重大公建"标配"项目、民生项目即将建成，四省边际中心城市的地位逐渐显现，城市能级有了质的飞跃。城市更新改造行动加快实施，推进礼贤未来社区、鹿鸣未来社区等建设，开展拆墙透绿、空间腾挪、环境织补、功能提升，推进城镇老旧小区改造，不断优化城市社区品质。

（二）狠抓落实，建立强有力的项目支撑体系

按照"事关衢州长远发展、事关发展全局的重大项目，有条件上，没有条件创造条件上"的理念，衢州每年编制一批重大城市赋能项目，逐个构建项目链条、工作链条、责任链条，打通项目、土地、资金、征迁四要素，确保项目能批、土地能供、资金能保、房子能拆，以一大批高质量的项目支撑四省边际中心城市发展。

坚持"4421"项目制度规则体系。健全项目推进重大问题决策把关制度，加强项目方案审查把关，充分发挥部门和"四大办"的基础把关与协调功能；加强合同管理和标后监管服务；定期开展项目体检；完善带规划导则、设计草案的土地出让制度；坚持看图读图研判、现场看地读地制度；开展城市十大标志性建筑评选；建立完善重大公建项目铭牌制度；建立完善城市地名、路名的命名制度；引进和建设一大批高

端产业项目。

(三)加强支撑,构建城市发展保障新格局

城市规划建设管理运营是一个复杂的系统工程,衢州按照全市"一盘棋"的理念,建立完善的组织体系、工作体系、责任体系、考核体系,强化统筹整合,量化细化操作,形成回路闭环,为加快建设四省边际中心城市提供强有力的支撑和保障。

加强组织领导。深化城市发展工作组织体系建设,建立市委城市工作委员会统筹领导机制,完善市委财经委员会、城市规划委员会、城市管理委员会等组织架构,推动规划编制、空间布局、风貌管控、方案审批、项目决策、城市维管等各项运行机制创新落地,形成党委统一领导、党政齐抓共管的现代化城市工作格局。建立健全城市发展大会年会制度,聚焦城市规划调整、土地空间调整、重大公建项目实施、重大民生事业保障等开展研讨会商,构建城市管理服务工作大平台。

狠抓责任落实。加强对城市规划建设管理工作的日常指导,每年制定完善城市规划建设管理的具体目标和工作方案,分解压实工作责任。各级各部门围绕四省边际中心城市建设目标,落实本地区本单位城市发展的目标和任务,集中力量突破重点难点问题。实施城市规划建设管理工作监督考核制度,按照捆绑考核、绩效挂钩原则,确定考核指标体系,定期通报考核结果,并作为年度考核的重要依据。

做好工作保障。落实"74332"财力保障机制,通过内部挖潜、向上争取、市场引进等多渠道筹集建设资金,做到"一个重大项目一套投融资方案",为城市项目建设提供更加精准有效的财力保障。深入开展城市重大公建项目谋划评选活动,发动广大人民群众积极参与,切实形成人人关心、人人参与的浓厚氛围。

强化市域统筹。坚持市县统筹、城乡统筹,进一步强化重大战略定位、重大基础设施、重大产业项目、重大资源要素的市域统筹,加快

龙游、江山、常山、开化与主城区的深度融合,高水平推进美丽城镇建设,推动县域经济向以中心城市为引领的都市区经济转型,实现全面同城化、一体化。

第三章　打造四省边际开放开发桥头堡，构筑浙西经济发展新高地

党的二十大报告指出："必须完整、准确、全面贯彻新发展理念，坚持社会主义市场经济改革方向，坚持高水平对外开放，加快构建以国内大循环为主体、国内国际双循环相互促进的新发展格局。"作为浙西地市之一，衢州始终贯彻中央、省委决策部署，紧紧抓住长三角一体化发展上升为国家战略的机遇，坚持以开放促改革、以开放促创新、以开放促转型、以开放促发展。加快开放型经济发展，是衢州实现"十四五"时期跨越式高质量发展的内在要求，也是衢州进一步融入全省、全国发展大局的迫切需要。

第一节　聚浙西、通四省、联全国，推进浙西交通集群开放协同

大交通孕育大产业，大建设推动大发展。"十三五"以来，衢州把交通先导作为首要任务，坚持交通优先发展，紧紧抓住长三角一体化上升为国家战略和衢州融入杭州都市圈的契机，积极推进"公、铁、空、水"等重大交通基础设施建设，努力实现"融杭联甬接沪＋牵动皖闽赣"的东西双向开放，初步建成了连通南北、贯穿东西、辐射四省的"四位一体"立体化现代综合交通网络体系。

基于区位禀赋、政策环境、发展需求与基础条件，衢州初步具备了承担浙江省第五大综合交通枢纽、成为浙江经济向中西部临省拓展的桥头堡的条件。衢州根据浙江省"四大建设"①的要求和目标，结合自然地理条件，从打造"大通道的浙西门户"角度出发，统筹推进现代综合立体交通网络发展，围绕突出交通、物流功能，以多式联运枢纽港为核心，推进一批重大项目建设，加快构建多元立体、多式联运、无缝对接、辐射四省的现代综合交通体系，推动陆港、空港和信息港等多港融合发展，加快完善高效便捷、多式联运服务体系。

一、聚焦"大花园"，提升全市域互联互通水平

谋划建设"大花园"，是浙江省委、省政府深化"八八战略"、践行"绿水青山就是金山银山"理念的重大举措，是衢州未来发展的总战略、总方向和总目标。衢州按照打开"大通道"要求，完善衢州、丽水等核心区对外通道，实施打破交通瓶颈专项行动，集中力量打通断头路、盲肠路、梗阻路，把"修一条路、造一片景，活一方经济、富一方百姓"理念贯穿交通发展全过程，推动实现城市的生活、生产、交通、游憩等功能同城化发展。

统筹交通功能设施保障，突出关键环节和重点领域。衢州加快发展高铁、市域轨道交通、景区化高速公路、沿江美丽公路、物流快速通道、水运、航空和城市综合交通，推进电动汽车分时租赁，与全省统一布局的综合供能服务站项目结合，谋划建设旅游特色小镇。建立内畅外联、互联互通的现代综合立体交通体系，完善智慧、绿色、快捷、高效的现代交通服务和治理体系，搭建衢州生态化信息网络；加快形成高速宽带、天地一体、泛在智能的信息基础设施配套，为衢州经济社会发展筑牢网络基础。

---

① "四大建设"：浙江大湾区建设、大花园建设、大通道建设、大都市区建设。"四大建设"是浙江省第十四次党代会和省十三届人大一次会议作出的重大决策和战略部署。

推进"智慧衢州"建设，突出为全社会提供智慧化服务。衢州以居民社保卡、居住证为基础，增加涵盖金融、医疗、交通、自主应用、政务服务等多个功能的"一卡通"，打通信息孤岛，畅通人流、物流、资金流等要素流通重要渠道，实现全市域互联互通，让数据多跑路，让群众少跑腿。

注重能源联网布局、水资源共享监管，关切区域利益主体。衢州按照合理布局、适度超前原则，谋划布点市区第二水源地，推进天然气"县县通"工程建设，加快衢州配电网"十四五"规划实施，积极参与浙江省电力市场改革工作，为强化区域内部经济联系和扩大对内对外开放奠定基础。

二、聚焦"通四省"，打造"四位一体"立体交通运输体系

衢州抓住交通大投入、大建设、大发展的重大机遇，聚焦新技术、新产品、新模式、新业态，把交通产业作为战略性、基础性、先导性产业来培育，全力打造衢州四省边际多式联运枢纽港一期项目，打造"一港三基地两片区"①的发展格局。

路网体系日趋完善，促进衢州联通外界。"十三五"期间，杭新景高速公路建成，衢州"两纵两横"高速公路骨架正式形成，新增高速公路里程105公里，全市已通车高速公路达422公里。基本形成了层次分明、功能齐全、布局合理的综合交通网络，衢州境内的东西向国家综合交通运输大通道（沪昆通道）全面贯通；依托快速铁路、高速公路形成区域快速通道，实现与周边省际城市互联互通，与杭州都市圈中心城市、四省边际主要城市基本形成2小时交通圈；以高速公路、快速铁路为主骨架，以普通国省道为支撑，形成城际干线交通网络，正在构建与周边城市和市域的1小时交通圈。杭衢高铁项目促使杭衢时空距

---

① "一港三基地两片区"："一港"为四省边际枢纽港，"三基地"为港口航运物流基地、陆港现代物流基地、空港综合服务基地，"两片区"为沿江产业创新区、临空经济试验区。

离从 75 分钟缩短至 41 分钟。"米"字形铁路网逐步形成，衢州有望成为浙江第二大铁路枢纽，辐射四省、通达八方。

"四好农村路"建设和公共交通提档升级，贯通对外骨架路网。衢州"四好农村路"建设包括农村公路新改建、大中修、危桥改造、港湾式停靠站、村级农村物流点、更新农村客车等。建制村公路通达率、通客车率达到 100％，打造"民心路""致富路"。创造性地打造了一条全长 162 公里的美丽沿江公路，助推"绿水青山"源源不断转化为"金山银山"。"十三五"期间，衢州大力实施公共交通优先发展战略，加大公共交通工具、客运站场、智能化、服务优惠等投入，实现硬件、软件实力双提升，市区新能源和清洁能源公交车辆比例达到 100％；实现公共交通移动支付和公交一卡通，衢州公交卡与上海、杭州等 260 个大中城市实现互联；建成衢州市综合客运枢纽，实现综合换乘系统从无到有的突破。从"两纵五横二连"的高速公路网和"六纵五横"的国省道干线网络，到推进甬金衢上高速、杭淳开高速、杭金衢高速衢州段拓宽改造、351 国道衢州段工程、320 国道"二改一"工程、美丽沿江公路工程等一批重大项目，内畅外联的公路网为衢州的快速发展奠定了基础。

通江达海水运复苏，打开衢州交通新格局。"十三五"期间，钱塘江中上游衢江航运开发工程全线通航。龙游港区一期工程 9 个泊位已全部建成投产，衢江港区一期工程 13 个泊位也已投产运营。衢州港自开通以来，和宁波舟山港、嘉兴乍浦港实现海河联运，已累计完成货物吞吐量超 330 万吨。衢州多式联运枢纽港加快推进。得益于衢州"公、铁、水、空"立体交通格局的建成，武汉卓尔集团、浙江省海港投资运营集团、宁波舟山港集团纷纷加强与衢州的合作，突出以多式联运枢纽港为龙头，培育以现代物流为核心的综合交通产业集群。同时，编制完成《衢州市多式联运枢纽港总体规划研究（初稿）》。另外，杭淳开高速工可报告通过省内预审查，常山江航电枢纽项目建议书获批，完成工可审查，衢江港区桥头江作业区二期工程初步设计获批。随着龙游港区、衢江港区相继开港，断航 60 年的钱塘江中上游航道全线通航，"千年水道"盛景将重现。衢州还将继续全力推进钱塘江中上游内河航道和港口开发，对接上海、宁波、舟山等港口，打造四省边际多式联运中心港；加快常山江航电枢纽开发、浙赣运河、四省边际多式联运枢纽港等谋划和建设，连通钱塘江和长江两大水系。

航空发展迎来重大机遇，拉近衢州与各地的时空距离。"十三五"期间，立足"浙皖赣闽四省边际地区重要机场"定位，衢州大力扩展对外航线网络，提升区域航空服务品质，建设具有区域竞争力的区域空港。民航已开通 13 条航线，通航 16 个城市。衢州机场 2020 年旅客吞吐量 38.6 万人次，是"十二五"末期的 2 倍。2018 年，衢州市委、市政府重新启动衢州机场迁建，前期工作已取得重大突破，选址获空军批复。2020 年 10 月 20 日，衢州与华夏航空正式签订一揽子合作协议，包括共建四省边际航空枢纽、建设国际飞行培训学校及落户华东区域总部、成立衢州航空公司等，进而在衢州形成覆盖机场及航空运营、销售、地勤、飞行、培训、维修等上下游的全产业链。

三、聚焦"联全国"，加快建设现代化先行区

实施区域联动共融行动，推动有机融入大都市圈，为形成"四核、四带、四圈"①网络型城市群空间格局贡献衢州力量。全面贯彻落实《浙江省大都市区建设行动计划》，推动杭州在衢州设立科创转化基地，依托杭州数字经济发达、高端要素资源集聚、市场广阔等优势，积极推动杭州在衢州设立科创转化基地，使科技创新成果在衢州产业化、基地化、规模化。依托衢州海创园，面向海外招才、选才，形成"海外—杭州—衢州"的直通型"引才链"。主动对接，成立深化杭衢山海协作推进办公室，出台《衢州市深化"杭衢山海协作"行动方案》，与杭

---

① "四核、四带、四圈"：以杭州、宁波、温州、金义四大都市区核心区为中心带动，以环杭州湾、甬台温、杭金衢、金丽温四大城市连绵带为轴线延伸，以杭州都市圈、宁波都市圈、温州都市圈、金义都市圈四大都市圈为辐射拓展的网络型城市群空间格局。

州开展全方位、立体式合作，进一步融入杭州都市圈。

推进衢州由"通道经济"向"枢纽经济"转变。"十四五"期间，衢州将在交通强国、高水平交通强省的背景下，围绕四省边际中心城市和综合交通桥头堡建设目标，加快融入长三角一体化国家战略。全力实施"九网千亿工程"，谋划推进重大交通项目40余个，完成总投资约1000亿元；着力构建多元立体、无缝对接、安全便捷、绿色智能的现代综合交通体系，突出"大通道""大枢纽""智能化""产业化"；重点推进传化公路港物流园区、衢州高铁西站快递物流园区、莲花机场快递中转物流园区、中国物流衢州综合物流园区，以及开化、龙游、江山、常山快递物流中心等项目。

谋划推动近海内陆线建设，加速融入大湾区经济发展。杭深高铁的谋划使衢州逐步成为联通浙闽粤三省，长三角、海西、珠三角三大经济区，以及杭州湾和粤港澳两大湾区的高铁枢纽城市。2018年，绍兴市航运协会与金华市物流协会、衢州市货源单位分别签订了战略合作协议，绍兴、金华、衢州三市携手推进海河联运，加速融入大湾区经济发展。"十四五"期间，衢州将建成龙游、衢江港区二期工程，开工建设常山江航电枢纽项目，开展江山江航运、浙赣运河（浙江段）、马金溪旅游航道等前期研究。

第二节　探索非中心区城市融入长三角，提高衢州对外合作能力

自长三角一体化发展上升为国家战略以来，衢州作为新一轮长三角城市群规划范围的非中心区城市，坚持发挥比较优势，积极探索非中心区城市融入长三角的战略路径。衢州积极向东入群，全面接轨上

海,与上海闵行区签订战略合作协议,构建"1＋2＋6＋X"战略合作体系①。依托驻上海产业招商组、张江生物医药孵化基地等平台,积极对接上海集成电路、新材料新能源、生物医药等前沿产业,促进亿元以上项目在衢签约落地。

一、立足区位优势,找准衢州定位

培育共建四省边际泛都市圈。衢州立足四省边际中心市,推动基础设施互联、科创产业互融、生态环境共保、公共服务共享,致力于打造四省边际交通物流中心、商贸开放中心、科教文化中心及旅游集散中心。

充分发挥全省大花园核心区优势。衢州立足钱江源头大花园,坚持数字经济、美丽经济双轮驱动,持续优化营商环境,加速新旧动能转换,依托花园式环境,培育花园式产业,推动花园式治理,打造自然的、成长的、心灵的花园。

积极打造长三角智慧产业新高地。衢州立足智慧产业新高地,深入实施创新驱动发展战略,促进创新链和产业链深度融合,推动数字化、信息化与制造业、服务业深度融合,形成具有较强核心竞争力的智慧产业集群。

致力于打造长三角儒学文化传承高地。衢州立足南孔圣地有礼城,促进衢州南孔文化与全域旅游有机融合,打响"南孔圣地·衢州有礼"城市品牌,融入浙皖闽赣国家生态旅游协作区、钱塘江诗路文化带建设,增强文化旅游核心竞争力。

---

① "1＋2＋6＋X"战略合作关系:"1"是指衢州市与闵行区全面战略合作,"2"是指智造新城与紫竹高新区、智慧新城与虹桥商务区的战略合作,"6"是指衢州6个县(市、区)与闵行下辖街道(乡镇)的"一对一"战略合作,"X"是指衢州市级各部门与闵行区各部门的战略合作。

二、深度借势赋能,把握衢州机遇

抓规划对接,争取高站位引领高质量发展。衢州通过赴省跑步进京与省发改委、国家发改委反复对接,力求将衢州最有优势的生态元素纳入长三角一体化发展规划体系。国家发改委编制的《长江三角洲区域一体化发展规划纲要》将徐州、衢州等定位为省际区域重点城市。在《浙江省推进长三角区域一体化发展行动方案》中,除同样提到上述衢州元素外,还明确将浙西航空物流枢纽、衢江抽水蓄能电站、开化生态产品价值实现机制试点、钱塘江诗路文化带等重大项目(工程)纳入。

抓城市合作,扩宽衢州城市建设方向。衢州在巩固提升杭衢、甬衢、绍衢战略合作基础上,切实加强与上海市的合作对接,积极申请加入 G60 科创走廊联席会议。为助推衢州加入 G60 科创走廊,浙江省科技厅将衢州绿色科创走廊(衢州绿色产业集聚区)列入 G60 科创走廊浙江段规划范围,并纳入六大高能级战略平台,共同打造全省绿色科创中心。

抓思路研究,推动衢州元素转化为具体战略举措。衢州市委、市政府透彻研究融入长三角一体化发展的七大领域(交通互联互通、能源互济互保、产业协同创新、信息网络高速泛在、环境整治联防联控、公共服务普惠便利、市场开放有序),以及衢州融入长三角一体化发展的现实基础、存在问题、行动计划,出台《衢州市战略融入长三角区域一体化发展行动计划(2019—2025 年)》。

抓项目落地,促进衢州紧跟全省发展步伐。围绕长三角一体化发展的七大领域,衢州积极推动相关项目建设。在交通等重大基础设施一体化领域,杭衢高铁全线开工,衢州港与宁波舟山港实现全面通航,浙江首个省界 ETC 门架在开化吊装完成,衢江抽水蓄能电站有序推进;在科创产业一体化领域,东南数字经济发展研究院衢州海创园分院成立,科技创新券面向长三角地区发放,智慧长三角数字经济智慧产业示范基地落户衢州;在文化旅游一体化领域,浙皖闽赣国家生态旅游协作区秘书处落地衢州,联合成立长三角红色文化旅游区域联盟;在生态环保一体化领域,钱江源国家公园管理体制基本理顺,跨省合作取得较大进展;在公共服务一体化领域,衢州学院与复旦大学泛海国际金融学院联合成立复旦—衢州绿色金融研究实践基地,共建浙江(衢州)绿色金融研究院和中国(衢州)绿色金融培训中心,衢州医保结算系统成功接入长三角异地就医门诊费用直接结算平台。

三、落实发展战略,展现衢州作为

强化工作保障,推进跨区域整合提升。强化组织领导,成立由市主要领导任组长的衢州市推进长三角一体化发展领导小组,统一指导和统筹协调全市推进长三角一体化发展工作。健全对接机制,充分发挥好杭衢山海协作机制、四省九地市合作机制等现有工作机制在推进长三角一体化中的作用,强化整合提升,形成聚合效应。争取政策支持,强化与国家、省政府相关部门沟通衔接,在省级相关部门编制的长三角一体化七大领域行动方案中纳入更多衢州元素,在体制创新、财税支持、用地用能、项目安排、重点领域改革试点等方面争取更多政策支持。加强考核评估,将推进长三角一体化发展建设重点任务分工落实情况纳入市政府年度考核内容,制定推进长三角一体化年度考核实施办法。

强化思路谋划,找准跨区域发展路径。进一步研究明晰衢州在长三角一体化发展中的定位、目标与战略路径,完善衢州融入长三角一体化发展行动方案,委托智库单位开展"十四五"时期衢州融入长三角一体化发展课题研究。谋划推动三个载体,将融入杭州都市圈、浙皖闽赣生态旅游协作区、衢丽花园城市群作为融入长三角一体化发展的切入点,尤其是要积极谋划参与杭州都市圈新一轮规划编制,力求有更多衢州元素体现其中。以"融杭"作为"接沪"的先手棋，将重大产业、重大平台、重大工程、重大项目、重大政策、重大改革等纳入衢州融入长三角一体化发展战略体系。

强化项目推进，抓好跨区域联动发展。对标长三角一体化发展七大领域，抓好一批衢州与长三角城市群特别是与上海都市圈联动发展的项目。在交通领域，继续推进杭衢高铁建设，抓好义金衢上高速、常山江航运开发等项目的前期工作，为衢州全面接轨义甬舟开放大通道提供有力支撑。在科创产业领域，继续争取加入 G60 科创走廊，同时积极推动海创园二期、上海张江飞地建设，以杭州都市圈为依托，积极参与长三角大型科学仪器开放共享、创新券互通等。在文化旅游领域，以浙皖闽赣生态旅游协作区秘书处设在衢州为契机，增强衢州在协作区建设中的主导作用。在商贸领域，借第二届"一带一路"国际经贸合作（中国·衢州）大花园论坛东风，大力发展与"一带一路"沿线国家和地区的经济合作，打造四省边际商贸重镇和新型投资贸易中心。在营商环境领域，积极推动长三角政务服务一网通办向衢州延伸，继续推动建设"无证明办事之城""掌上办事之城""信用示范之城"，争当长三角最佳营商环境领跑者。在生态环境领域，继续加强钱塘江源头山水林田湖草生态保护修复工程，推动钱江源国家公园跨区域合作。在教育、医疗等公共服务领域，继续加强与长三角的联动。

第三节 推进义甬舟开放大通道向西辐射延伸，强化区域性战略支点地位

2020 年 11 月，《义甬舟开放大通道西延行动方案》正式印发实施，衢州作为义甬舟开放大通道西延的重要战略支点，首次被纳入义甬舟开放大通道建设。衢州深入贯彻落实浙江省委、省政府决策部署，全力推动西延行动落地落细落实，以打造四省边际中心城市为总目标，

深入谋划、主动对接、全面融入,将区位优势转化为发展新优势,高水平建设浙江内陆开放的战略支点和义甬舟开放大通道西延桥头堡。积极向外扩群,与安徽省亳州市签订战略合作协议,参与推动义甬舟开放大通道西延行动方案实施。加强与宁波舟山港、义乌国际陆港合作,努力打通东向出海、西向出境的国际国内物流通道。以衢州机场迁建、衢州港区建设、铁路货场搬迁及国家各层面鼓励多式联运发展等相关政策为契机,打造港口航运物流基地、陆港现代物流基地、空港综合服务基地。衢州四省边际多式联运枢纽港纳入全省13个现代化物流"十四五"发展标志性项目,四省边际多式联运枢纽港总体规划研究已通过评审,衢州港衢江港区一期已开港运行,二期项目已开工建设。推进中国(浙江)自贸试验区衢州联动创新区建设,衢州首家外贸综合服务企业"衢州市融易通外贸服务有限公司"揭牌。

一、完善大通道交通网络,打造交通枢纽新节点

加快构建与四省边际中心城市相匹配的现代综合交通体系,进一步发挥衢州"承东启西、联南通北"的综合交通优势。在铁路方面,主攻杭衢铁路,破难题、抢进度,项目进展顺利,在全省率先突破取土场政策变化难题,创新三电迁改四方协议与 EPC 模式①,妥善解决震损炮损问题获浙江省发改委肯定并面上推广,江山接轨事宜正在与国铁集团全力对接争取中,将确保项目于 2023 年底建成通车。衢武铁路成为《国家综合立体交通网规划纲要》长三角至粤港澳主轴通道部分,衢丽铁路试行全国第一个全过程咨询铁路项目。在公路方面,杭金衢高速拓宽加快建设,于 2022 年 9 月建成通车。甬金衢上高速完成线位方案审查,力争提前至与金华段同步开工。在航运方面,完成衢州

---

① EPC:设计(engineering)、采购(procurement)、施工(construction)英文首字母的缩写。EPC 总承包模式是指建设单位作为业主将建设工程发包给总承包单位,由总承包单位承揽整个建设工程的设计、采购、施工,并对所承包的建设工程的质量、安全、工期、造价等全面负责,最终向建设单位提交一个符合合同约定、满足使用功能、具备使用条件并经竣工验收合格的建设工程。

市多式联运枢纽港总体规划研究编制工作,枢纽港项目列入《浙江省综合立体交通网规划(2021—2050年)》。衢江港区大路章作业区二期签约落地并开工建设。常山江航电枢纽项目纳入国家《"十四五"现代综合交通运输体系发展规划》,成为衢州第一个纳入经国务院批准规划的交通项目。在航空方面,衢州机场迁建项目获得突破性进展,列入《"十四五"民用航空发展规划》,启动民航选址审查工作,《军地框架协议(草案)》已完成省政府意见征询并上报军方。

二、促进商贸业转型升级,打造物流体系新格局

衢州大力推进现代服务业提质转型,进一步激发衢州商贸物流活力,加快打造"聚浙西、通四省、联全国"的区域物流集散中心。

启动中国(浙江)自贸试验区衢州联动创新区建设。积极构建"3384"建设体系①,以建成"一平台、一基地、一高地"为目标,打造"一体两翼"多片区联动发展格局。《中国(浙江)自由贸易试验区衢州联动创新区总体方案》获浙江省自贸办批复。召开开放型经济发展暨中国(浙江)自由贸易试验区衢州联动创新区建设推进会,自贸试验区衢州联动创新区和衢州首家外贸综合服务企业"衢州市融易通外贸服务有限公司"揭牌成立。

积极推进衢州跨境电商综合试验区建设。国家级跨境电子商务综合试验区线上综合服务平台正式上线运营,制定新一轮支持跨境电商发展的政策工具箱,以政策撬动项目推进。线下公共服务中心和跨境电商生态服务体系建设全面推进,培育龙游五金机械、衢江特种纸、柯城休闲用品三大跨境电商产业集群试点,助力本地企业开展跨境业务,招引了桃酱跨境电商、东鹤电商等5家优质主体。全市建立独立

---

① "3384"建设体系:以"一平台、一基地、一高地"为目标;以覆盖衢州市119.57平方公里的多片区联动发展为格局,形成"一体两翼"功能布局;复制推广自贸区经验、打造四省边际"双循环"新发展格局的枢纽等八项具体举措;把抓绿色金融改革、营商环境打造等四方面工作作为主要创新方向。

站的跨境电商企业 34 家，共建立 66 个独立站。积极开展企业跨境电商产品知识产权及出口资质认证体系服务，协助 36 家企业获得国外出口资质和海外商标知识产权，注册 42 个海外品牌商标。建立 13 个跨境电商实践基地和跨境电商产业园区，共入驻 286 家跨境电商企业。

全力建设现代物流枢纽体系。高水平打造四省边际多式联运枢纽港，加强与宁波舟山港"海河联运"战略合作，进一步降低物流费用。华东（衢州）数字经济示范区一期建成，顺丰物流四省边际顺丰丰泰产业服务综合体（总投资 20 亿元）、万科物流浙西数智供应链产业园（总投资 20 亿元）等一批重大物流项目签约落地。

三、共建跨区域合作飞地，打造区域协作新标杆

衢州坚持"产业为王、工业强市"，深入推进"融杭联甬接沪"战略协作，加强与大通道沿线和西延地区的合作。

深化甬衢、绍衢山海协作取得新突破。开化—绍兴滨海新区在全省率先实现"产业飞地"签约，全市 6 个县（市、区）率先实现"产业飞地"签约全覆盖。截至 2021 年 10 月，"产业飞地"共签约入园项目 7 个，协议投资 116.8 亿元。

积极融入区域性协同创新体系。对接融入 G60 科创大走廊、宁波甬江科创大走廊，积极打造借智借力创新发展平台，全省首个创新飞地——衢州海创园落成开园，浙大衢州"两院"、电子科大智慧小镇等创新平台加快建设并投入使用。

大力建设"万亩千亿"新产业平台。大力实施工业强市"十大专项行动"①，学习借鉴宁波、绍兴等地平台建设先进经验，全力打造衢州高

---

① "十大专项行动"：制造业"招大引强"专项行动、工业企业"培大育强"专项行动、科技型中小企业培育专项行动、六大产业延链补链强链专项行动、开发区创强高新区进位专项行动、深化"亩均论英雄"改革专项行动、工业数字化改革专项行动、推进企业上市专项行动、外贸创强专项行动、衢州巨化一体化融合高质量发展专项行动。

端电子材料"万亩千亿"新产业平台。高端电子材料"万亩千亿"新产业平台自 2020 年启动培育以来,已走过三个年头,在体制机制建设、未来产业培育、标志性项目招引等方面取得积极成效。截至 2022 年底,平台规上工业产值 907.3 亿元,同比增长 59%;主导产业产值 844.4 亿元,同比增长 62%。完成固定资产投资 133.2 亿元,同比增长 78%。其中,产业项目投资 120.8 亿元,同比增长 77%;基础设施投资 12.4 亿元,同比增长 94%。新引进产业项目 16 个,含浙江时代锂电材料国际产业合作园、巨芯冷却液、国泰超威锂电池材料等标志性项目 7 个。总投资约 479 亿元的浙江时代锂电材料国际产业合作园项目正式签约,并列入"省长工程"和省重大产业项目,有望成为推动衢州工业经济高质量发展的"里程碑"项目。巨化装备工程集团有限公司与浙江大学等单位联合申报的"氢气规模化提纯与高压储存装备关键技术及工程应用"项目获国家科学技术进步奖二等奖,实现平台"国奖"新突破。

第四节　衢黄南饶合作共建"联盟花园",全力推动跨区域一体化协同发展

2021 年 1 月 22 日,浙皖闽赣(衢黄南饶)"联盟花园"建设工作领导小组第一次会议暨衢黄南饶"联盟花园"签约仪式以视频连线的形式在浙江衢州和安徽黄山、福建南平、江西上饶四市同步召开,四市共同签订《浙皖闽赣(衢黄南饶)"联盟花园"合作共建框架协议》,承诺将"联盟花园"创建工作纳入各自党委、政府工作重要内容,标志着浙皖闽赣探索合作共赢新机制迈出了实质性步伐,吹响了四省跨区域一体协同发展的集结号。

一、完善浙皖闽赣生态旅游协作机制，推进"联盟花园"合作共建

"联盟花园"推进合作共建框架协议落地。根据《浙皖闽赣（衢黄南饶）"联盟花园"合作共建框架协议》，四市计划通过3—5年的建设，将"联盟花园"打造成为跨省域旅游协作的先行区、美丽经济幸福产业的集聚区等，使其成为特色鲜明的国家级旅游休闲城市群和世界级生态文化旅游目的地。明确"生态优先、绿色发展、统一规划、一体打造、政府推动、市场运作、创新机制、共建共享"的发展原则，细化规划设计、旅游交通、基础配套、产品开发、管理服务、营销推介等6个一体化重点工作任务清单。

打破行政区划边界藩篱束缚。合作共建"联盟花园"，要打破行政区划边界藩篱，强化城市、部门间的协调配合，建立健全浙皖闽赣生态旅游协作机制，基于差异化竞争优势开创生态文化旅游目的地新格局。

推进浙皖闽赣国家生态旅游协作区建设。浙皖闽赣四省是我国生态保护与建设、旅游经济发展条件最优越的区域之一。衢黄南饶四市均是浙皖闽赣国家生态旅游协作区成员，四市山水相依、风俗相近、人缘相亲，区域内生态资源丰富、人文积淀深厚、旅游资源密集，现有世界文化与自然双重遗产2处、国家5A级旅游景区9个、4A级旅游景区82个，是全国旅游发展条件最优越的区域之一和省际旅游一体化发展的核心区。衢黄南饶以高站位、大格局，探索建立更加有效的区域协调发展新机制，催生了建设"联盟花园"的创新构想。合作共建"联盟花园"，是推动长三角一体化发展国家战略的重要举措和服务构建新发展格局的具体实践，有助于引导旺盛的消费需求和更多的资源要素向该区域集中，促进形成我国旅游经济发展新的增长极，共同实现生态富民、生态惠民、绿色崛起。

二、统筹健全浙皖闽赣体制机制，加快"联盟花园"文旅一体化

推进浙皖闽赣多跨联席会议。在衢州开放工作的推进背景之下，四省边际相关单位定期跨层级、跨区域、跨领域召开联席会议，如浙皖闽赣国家生态旅游协作区线上推进会、浙皖闽赣（衢黄南饶）"联盟花园"合作开发推介会、浙闽赣皖四省边际职业培训联盟成立大会等。

推进浙皖闽赣制度创新。浙皖闽赣（衢黄南饶）之间，将各自的制度创新在其他区域推广；浙皖闽赣（衢黄南饶）之外的制度创新，同样可以在浙皖闽赣（衢黄南饶）内拿来推广；全国其他自创区、自贸区、综试区等的制度创新，也可以在浙皖闽赣（衢黄南饶）进行尝试，符合发展实际的则进一步予以推广。

推进浙皖闽赣机制联动。为贯彻落实长江经济带建设和长三角一体化发展国家战略，打造世界级生态旅游目的地，加快浙皖闽赣国家生态旅游协作区建设，四省联合发布了《浙皖闽赣国家生态旅游协作区"半价游"合作协议》。为全面提高"依法治旅，依法兴旅"水平，四省各级文化旅游质监执法机构在建立更为紧密务实的协作关系的基础上，联合发布了《浙皖闽赣国家生态旅游协作区旅游执法投诉联动机制（试行）》。

三、优化浙皖闽赣开放基础功能配套，夯实"联盟花园"软硬环境

衢黄南饶四市围绕协议通力协作。四市致力于共同加快打造一批具有竞争力的旅游产品、策划一批具有影响力的营销活动、推进一批具有牵动性的重大项目、建立一套具有执行力的组织体系，努力把"联盟花园"打造成为新时代引领中国旅游的亮丽品牌。合作共建行动计划包括开展品牌形象策划，设计"联盟花园"对外形象标识及推广

口号,启动"联盟大道"旅游环线建设,建立旅游协作区重大项目库,系统梳理、谋划四市重大文旅项目,建立开发通报和协商机制,推动项目布局一体化、科学化,避免同质化开发建设。开展数字文旅资源共享研究,在四市现有数字平台基础上,委托第三方专业机构开展"联盟花园"数据资源共享研究工作等。

启动推进衢黄南饶四市旅游市场一体化。加大四市旅游"内循环",研究制定出台四市统一的激励与奖励政策,推进市民待遇、媒体资源、展会平台等共享,鼓励旅行社客源互送共招、产品合作共推,研究出台"联盟卡"。开展四市旅游资源普查,设计推出首批精品线路和特色产品。鼓励四市旅游企业、旅行社、景区、酒店、民宿等市场主体建立多层次的行业发展联盟。组织四市及相关主体、企业代表赴重点客源市场开展旅游形象产品发布及联合推介活动,共同参与四市重大展会活动,实现展会资源共享。举办第18届四省四市民间艺术节,共同申报四省边际通航试验区,依法共同委托同一家航空公司开展四市航空航线资源统筹整合研究,谋划开通四市短途旅游环线航班即"联盟花园航线"。

优化区域内对外开放软环境,加强区域内基础设施建设。例如,优化浙西地区的政策和制度环境、创业投资环境,为创业者提供良好的竞争条件和市场条件;加强贯通浙闽赣皖四省九市经济合作区各地区之间的交通运输业和邮电通信业,尤其是浙西区域与邻省之间的基础交通设施建设。

第四章 持续推进山海协作工程，开创区域发展新局面

山海协作工程是一种形象化的提法，"山"主要是指以浙西南山区和舟山海岛为主的加快发展地区，包括 26 个县（市、区），"海"主要指沿海发达地区和经济发达的县（市、区）。衢州地处浙江西部，连接浙闽赣皖四省九市，客观来说，在产品市场、资源要素、商务成本等方面并不具备明显优势。多年来，衢州始终贯彻省委、省政府决策部署，依托生态、产业等优势，将山海协作工程放在重要位置并作为推动区域开放发展的重大举措。2021 年 6 月，浙江省自然资源厅出台《支持山区 26 县跨越式高质量发展意见》，衢州所辖的 6 个县（市、区）都被纳入山区 26 县行列，成为浙江山海协作工程的主要实施地之一。

第一节 山海相携，实现跨越式发展

浙江的区域协调发展以往面临两大难题：一是沿海发达地区要素成本优势正在逐渐消失，经济结构不合理矛盾日益显现，土地、环境、矿产、水资源等约束更加突出，保持率先发展和持续发展的压力越来越大。二是浙西南山区自我发展能力弱，经济和社会发展水平存在一定提升空间，与发达地区存在一定差距。2001 年，浙江省提出山海协作工程，旨在推动省内海岛和山区等欠发达地区协调发展，解决区域发展不平衡问题。习近平同志在浙江工作期间，结合早期在福建等地

参与"山海"治理的实践经验,深入推进山海协作工程,并将之确立为省域层面的战略措施。此后,浙江历届政府一以贯之,干在实处、走在前列、勇立潮头,始终坚持陆海统筹思路,坚持把欠发达地区的发展作为浙江新的经济增长点。

一、立足省域实际,浙江历史性提出山海协作工程

2001年,浙江省扶贫暨欠发达地区工作会议召开,对加快欠发达地区经济社会发展的工作任务进行了部署。会议提出,浙江省扶贫开发和加快欠发达地区发展的主要目标是实施好"百乡扶贫攻坚计划",100个贫困乡镇如期摘掉贫困帽子,尽快解决60万贫困人口的温饱问题,加快衢州、丽水两市的经济社会发展。2001年10月,浙江省提出要通过开展省内区域经济合作与交流,把省内沿海发达地区的产业转移辐射到浙西南山区、海岛等欠发达地区,把欠发达地区的剩余劳动力转移到发达地区,简称"两个转移"。

2002年4月,浙江省开始正式实施山海协作工程,发布了《关于实施山海协作工程帮助省内欠发达地区加快发展的意见》,以产业梯度转移和要素合理配置为主线,以政府引导、企业为主、市场运作、互利双赢为主要方式,实行多渠道、多形式、多层次、全方位的区域经济合作与交流,促进省内沿海发达地区与浙西南山区、海岛等欠发达地区的协调发展。

2003年7月,浙江省委提出了面向未来要进一步发挥八个方面优势、推进八个方面举措的"八八战略"。其中第六个举措是:"进一步发挥浙江的山海资源优势,大力发展海洋经济,推动欠发达地区跨越式发展,努力使海洋经济和欠发达地区的发展成为我省经济新的增长点。"这标志着山海协作工程正式纳入"八八战略"。

习近平同志在浙江工作期间,始终推动山海协作工程不断向前迈进。在此期间,山海协作工程的内涵也逐渐丰富,由最初的"两个转

移"转变为后来的宽领域、全方位、多层次的合作,由单纯的省内协作转变为省内为主、省外甚至国外浙江人积极参与的跨区域协作。经过数年的实施,山海协作工程为浙江省的区域协调发展打开了广阔的空间,也为衢州经济和社会发展水平的提升带来了较大利好。

二、牢记殷殷嘱托,推进山海协作工程上新水平

2002 年 4 月浙江山海协作工程正式实施后,衢州市委、市政府于同年 6 月下发实施山海协作工程的通知,8 月建立衢州市山海协作工程领导小组,由市政府主要领导任组长,分管领导任副组长,各县(市、区)政府主要领导和市属 20 个部门的主要领导为成员。领导小组下设办公室,办公室设在市协作办,由市协作办领导任办公室主任。接着,各县(市、区)相继下发了实施意见和建立领导小组的通知文件。衢州与绍兴市、杭州市政府分别签订《实施"山海协作工程"加强经济技术合作协议书》,各县(市、区)政府也分别与对口县(市、区)政府签订了实施山海协作工程的协议书,为实施山海协作工程奠定了基础。

2003 年 12 月,浙江省山海协作工程情况汇报会在衢州召开,这是浙江省推进山海协作工程的首次大会。会议提出,山海协作工程以项目合作为中心,以产业梯度转移和要素合理配置为主线,把发达地区的劳动密集型产业转移到欠发达地区,把欠发达地区的剩余劳动力转移到发达地区。由此,衢州开启了"山海并利、山海共赢"的新征途。

衢州牢记嘱托,采取多种举措落实山海协作。制定山海协作工程实施规划,出台山海协作工程考核办法,把考核范围扩大到各县(市、区)政府层面;建立由党政一把手负总责的领导机制,切实做到领导、机构、人员、经费、工作"五落实";建立部门对接、全民参与等一系列工作制度,将衢州与杭州、绍兴紧密相连,建立和巩固起长期、全面、稳定的协作关系;建立专题汇报、专项督查、专业分析等一系列工作机制,为山海协作工程实施保驾护航;出台服务企业、培育产业、优化环境等

一系列工作举措，为项目的进入和广泛合作开辟广阔空间。

衢州市委、市政府主动走出去，开展高层对接活动。历届市委书记、市长、分管副市长都先后率市党政代表团赴杭州、绍兴、宁波、温州、台州、嘉兴等省内发达地区开展山海协作活动，推进项目合作。衢州各县（市、区）的主要领导也多次带领园区平台、企业主体与省内各发达县（市、区）开展项目推介，广泛进行对接。"山"动起来了，"海"也积极响应。杭州、绍兴、金华、宁波、温州、台州、嘉兴等市党政代表团也带领企业来衢州考察，积极出台各项政策引导企业来衢州投资。

三、把握重要原则，打造山海协作工程升级版

在中央和省委、省政府的重要指引下，浙江山海协作工程形成了良好的运行机制。2002—2006年，形成了适合浙江发展模式的海陆联动发展新格局。2007—2017年，相继经历"资源与产业合作""共建山海协作产业园"两个阶段，不仅使加快发展地区土地自然资源与发达地区产业实现优势互补，而且浙江在这一时期成为全国第一个完成脱贫攻坚任务的省份。2018年开始，浙江山海协作进入攻坚阶段，重在与各地区高质量发展进行深度融合。尤其在2021年，浙江省委、省政府专门组建山区26县高质量发展工作专班，制定《浙江省山区26县跨越式高质量发展实施方案（2021—2025年）》等政策文件，努力提高山区26县内生发展动力，着力打造山海协作工程升级版，以"一县一策"推动山区高质量发展。

衢州深入贯彻习近平同志在浙江工作期间的重要指示精神，提出了山海协作工程的实施原则，即"政府推动、企业主体、市场运作、互利双赢"。政府的推动作用主要有：抓规划、抓政策、抓平台、抓协调，科学制订年度工作计划，确定工作目标，明确工作任务，落实工作责任；根据新情况、新任务，研究制定相关的政策举措，进一步加大扶持力度，推动合作项目实施，拓展合作领域，提高合作层次；积极搭建平台，

开展形式多样的协作活动，为山海协作深入有效开展创造条件；加强政府协调，建立健全机制，动员社会各方面力量积极参与山海协作。企业在山海协作过程中发挥主体作用，衢州充分调动企业参与山海协作的积极性，使企业成为山海协作的重要力量。企业参与山海协作，既追求经济效益，加快自身发展，创造更多财富，又注重社会效益，承担社会责任，塑造企业形象，为加快发展地区多做贡献。市场在山海协作中发挥主导作用，衢州大力推动生产要素跨区域合理流动，实现资源优化配置。

健全生态文明制度对于山海协作工程的建设也至关重要。长期以来，浙江省发达地区走的是一条传统工业化道路，经济发展模式基本上是资本驱动型、资源消耗型，这种发展模式最大的弊端是对自然资源的过度消耗，造成生态环境的破坏。随着资源要素制约和环境压力的日益加大，这种粗放式的发展模式已经难以为继。在这种背景下，实施山海协作工程，不能简单地推动加快发展地区去复制发达地区走过的传统工业化道路，应在优化产业结构和促进经济增长方式转变的基础上，把合作重点放在资源集约利用和生态环境质量提升上。在实施山海协作工程的过程中，应进一步引导企业、个人等优先投资建设特色农产品深加工基地、名优特色加工业以及休闲运动、养老养生、民俗文化、民宿农家乐等生态旅游项目，使美丽经济的发展成为山海协作工程的重要成果。

第二节 精准对接，推动高质量发展

浙江省委、省政府提出要把加快发展地区培育成为全省新的经济增长点，加大山海协作力度，这为衢州发展提供了极好机遇。作为浙江实施山海协作战略的主阵地之一，衢州坚持按照浙江省委、省政府的决策部署，依托区位和生态、产业优势，借力山海协作工程，在探索生产发展、生活富裕、生态良好的科学发展道路上不断前进。衢州成为山海协作工程重要的推动者和受益者,也与杭州、宁波、绍兴、嘉兴等地市携手同行,结出了累累硕果,谱写了发展新篇章。

一、强化产业协作,推动衢州经济发展

衢州发挥区位优势,在山海协作工程的合作领域不断拓展和深化。整体来看,衢州市产业协作大致经历了三个阶段,依次为初步发展时期(2002—2012 年)、稳固发展时期(2013—2016 年)和快速发展时期(2017 年至今)。

(一)衢州市产业协作的初步发展(2002—2012 年)

浙江省提出山海协作工程之后,衢州于 2002 年 7 月召开市委四届八次全体会议,提出了山海协作工程的具体实施要求,并主动加强与杭州、绍兴等地的山海协作。同年 8 月,衢州成立衢州市山海协作工程领导小组,各县(市、区)领导小组也相继成立。衢州历届主要领导都先后带队赴省内发达地区,进行高位推动。各县(市、区)也多次与省内各发达区县开展项目推介,广泛进行对接。2003 年 7 月,浙江省委提出面向未来要进一步发挥八个方面优势、推进八个方面举措的"八八战略"。8 月,浙江省发布了《关于全面实施"山海协作工程"的若干意见》,确立了"政府推动、部门协调,企业为主、市场运作,突出重点、梯次推进,形式多样、注重实效"的原则。12 月,衢州市委召开了四届十一次全体会议,对衢州市当年的招商引资和山海协作工程进行了总结。2005 年 4 月,衢州市山海协作企业联合促进会成立,得到了各级党委、政府的高度重视。2006 年 7 月,在国家宏观调控大背景下,衢州与杭州、宁波两市签订了《关于加强资源与产业合作的协议书》,确定衢州要通过多种方式为杭州、宁波提供土地资源保障,杭州、宁波两市则为衢州提供土地资源开发资金和山海协作项目配套资金。2012 年 8 月,浙江省委、省政府下发《关于推进山海协作产业园建设的

意见》,衢州启动了柯城—余杭、衢江—鄞州、龙游—镇海、江山—柯桥、常山—慈溪等 5 个省级山海协作产业园建设。协作双方互派干部,强化制度创新;协作双方推动项目共招,建立招商信息共享机制,推进招商信息、企业资源和商会资源互通共享。

经过数年发展,衢州经济步入快车道,呈现出加快发展的好势头,经济增长速度大部分年份超过全省(见表 4-1)。经济的快速发展,也有效缩小了衢州与发达地区的收入差距。

表 4-1　2000—2012 年衢州市与浙江省地区生产总值增长速度比较

单位:%

	2000 年	2001 年	2002 年	2003 年	2004 年	2005 年	2006 年	2007 年	2008 年	2009 年	2010 年	2011 年	2012 年
全省	11.0	10.6	12.6	14.7	14.5	12.8	13.9	14.7	10.1	8.9	11.8	9.0	8.0
衢州	8.5	11.3	12.4	14.5	14.8	13.5	16.0	16.3	12.7	10.5	13.0	10.8	8.2

数据来源:历年浙江统计年鉴和衢州统计年鉴。

(二)衢州市产业协作的稳固发展(2013—2016 年)

在这一时期,衢州着力在工业项目上与发达地区展开山海协作。自提出工业立市战略以来,衢州便进一步借助发达地区的优势资源加快推进产业转型升级。同时,衢州也对"引进来"战略进行升级,进一步加大招商引资力度,加强同其他地区的山海协作。2013 年,柯城—余杭山海协作产业园开建。当年,衢州市柯城区与杭州市余杭区签订了山海协作产业园合作共建协议,启动建设山海协作产业园,该园被列入首批建设的 9 个省级山海协作产业园。2015 年,衢州又在全省率先建设开化—桐乡山海协作生态旅游文化产业示范区,打造全省首个非工业协作示范区,建成了山水文化、根雕文化、茶文化等元素相融合的开化特色风貌集中展示平台。至此,衢州 6 个县(市、区)全部建成山海协作工程的对接机制。

创新飞地是山海协作的主平台和产业转型的重要引擎。衢州大力推动海创园、科创园、绿海飞地等飞地建设。2016 年,衢州海创园正式开园。作为省内第一个跨行政区建设的创新飞地,衢州下了一盘区位布局"先手棋"。衢州海创园具备海创基地、人才驿站、招商窗口、形象载体、融资平台等功能,位于杭州市余杭区文一西路,200 米外就是阿里巴巴总部,一街之隔便是杭州未来科技城海创园,这里是衢州在杭州的一块创新飞地,也是浙江省第一个跨行政区建设的创业园区。海创园依托城西科创大走廊,一期共有 4 栋综合大楼。大城市种下研发种子,小城市收获实业果实,这种"孵化在杭州,产业在衢州"的模式一经推出,就吸引了众多高精尖人才的关注。

(三)衢州市产业协作的快速发展(2017 年至今)

2017 年,浙江省委、省政府提出打造山海协作工程升级版。2017 年 3 月,杭衢签署山海协作"1+4"战略合作协议,形成"六园二路"(海创园、区中园、教育园、健康产业园、后花园、体育园建设和杭衢高铁、杭淳开高速建设)合作新模式,揭开了杭衢山海协作工程升级版的序幕。短短几个月后,"1+4"协议扩展成"1+33"(《杭州市与衢州市深化山海协作工作系列合作协议汇编》,内容涵盖人才、旅游、体育、科技等 33 个领域)。随后,浙江省委、省政府出台《关于深入实施山海协作工程促进区域协调发展的若干意见》,进一步明确了工作目标,要求高水平建设一批绿色产业发展平台和项目,重点推进人才、科技、社会事业和群众增收等方面的合作项目。

2017 年 8 月,杭衢再度携手,谋划启动海创园二期建设。海创园二期占地 48.96 亩、总建筑面积 13.1 万平方米,与项目一期隔永盛港相望,中间以人行景观桥连成整体园区。2021 年 11 月,衢州海创园二期正式落成,"中电海康—衢州"成果转移转化和产业培育中心项目、复旦科技园国际创新中心项目、启迪科创集团海创园科创中心项目等 6 个高新技术平台型项目签约入驻。衢州海创园两期总投资 15.27 亿元,占地 75.66 亩,共有建筑 11 栋。园区以"产业发展的新引擎、人才聚集的新高地、山海协作的新典范"为目标定位,按照"产业加配套"

7：3的使用比例来构建园区生态新体系。衢州海创园继续以"产业导流、税源招引、服务企业"作为园区招商引资的主攻方向,招引重大招商引资项目研发基地、高新技术类孵化型企业、税源型企业、本地龙头企业设立研发机构等优质项目入园,着力打造招商大平台、产业孵化器、税源增长点。

2018年5月,杭衢召开山海协作工作对接交流会,围绕杭衢山海协作,谋划杭衢高铁、未来科技城衢州项目园、集成电路硅片、食品安全创新示范基地等重大项目。衢州在城市赋能、数字经济方面进一步学习杭州的先进经验,以创新合作为重点,学习创新、引进创新、转化创新,把杭州的创新延伸到衢州,改变衢州、发展衢州。同时,衢州加速融入杭州都市圈,与杭州深化战略规划研究,加强数字经济、科技创新、基础设施、文化旅游等领域的合作。6月,浙江省山海协作工程推进会再次在衢州召开,时任省委书记车俊在会上"点名"衢州——"山海协作成果让人眼前一亮",他同时也肯定了衢州的创新飞地建设等工作。同年10月,杭州—衢州山海协作工程工作座谈会在杭州召开。会上进行了打造杭衢山海协作升级版合作计划等一系列项目签约。

从成效来看,2021年,全市招商引资项目到位市外资金302.77亿元,同比增长37.4%;新签约亿元以上项目204个,其中10亿元以上项目40个(制造业项目27个)、20亿元以上项目18个(制造业项目11个)、50亿元以上项目2个(均为制造业项目)、100亿元以上项目1个(为制造业项目),签约项目数、到位资金额和大项目招商数量均创历史新高。

二、聚焦公共服务,提升衢州社会发展水平

随着山海协作工程的不断深入,省级部门、发达地区与加快发展地区在教育、卫生、科技等领域以及党政干部互派等方面的合作逐步展开,极大提高了衢州社会事业发展水平,取得了良好的社会效益。

（一）与发达地区开展多层次合作，促进衢州教育事业发展

2012年8月，衢州市教育局与宁波市教育局签署了教育山海协作框架协议，确定了连通两市教师资源网、各级各类学校结对、教育人才挂职、协作共建综合实践基地、宁波帮助指导建设衢州网络教育电视台等合作项目。此外，衢州的大学、中学、小学、幼儿园都与发达地区相应学校开展了多种形式的合作。例如，2014年，常山县三衢中学与杭州育才中学签订合作办学协议，三衢中学更名为常山育才中学，整个学校成建制地移交给杭州育才中学管理。2015年，龙游中学牵手镇海中学，双方签署教育结对帮扶协议，"山海协作镇海中学·龙游中学创新人才联合培养基地"在龙游中学正式挂牌。2016年，江山中学与杭州学军中学签署创新人才联合培养协议，江山中学学军班正式成立。常山和慈溪进行学校结对，其中常山一中与慈溪中学共建"慈溪班"，选派优秀学生由慈溪市代为培养；常山特级教师培养人选与慈溪市特级教师，常山骨干教师与慈溪名师建立师徒结对关系。2020年，浙江大学工程师学院衢州分院实验实训基地和衢州研究院中试实验室建设工程在衢州绿色产业集聚区正式开工，多名硕士研究生入驻；与中央美院共建的中央美院附属衢州中学项目开工建设；与温州医科大学成功签署战略合作协议。2021年9月，浙江大学工程师学院衢州分院、浙江大学衢州研究院落成活动拉开帷幕，标志着衢州在教育事业发展方面取得了新进步。

（二）与省内名院共建，整体提升衢州医疗水平

卫生事业的山海协作，快速提升了衢州医疗水平。衢州市人民医院与浙大医学部及其附属医院建立全方位、战略性医疗合作协议，正式挂牌"浙江大学衢州医院"。浙江大学发挥院士、专家及其团队的医疗学术科研优势和人才优势，选派院士、知名专家到衢州医院建立工作站，对医院进行重点扶持建设，开展重大技术攻关，联合进行人才培养。2017年7月，江山市与邵逸夫医院签订合作备忘录，成为衢州地

区首家启动的高水平医联体建设合作单位。邵逸夫医院在江山市建立9个专家工作站，同时共建医联体教育培训中心，由邵逸夫医院总院下沉专家开展日常培训，加快"输血"向"造血"转变。杭衢两市卫健委通过签署新一轮合作协议，围绕数字化、信息化合作，全面开展了医疗健康信息化协作，取得了一定成效。衢州携手阿里巴巴集团钉钉公司，量身打造衢州钉钉未来医院医共体协同服务平台，在医联体市级医院和县域医共体成员单位全面上线运行，有效服务于医联体医共体行政办公、人事、业务培训的一体化管理。该平台被列入省政府数字化转型创新示范项目。2020年4月，衢州与树兰医院举行签约仪式，共建树兰（衢州）医院，项目总投资4亿元。2022年2月，树兰（衢州）医院正式开业，依托树兰医疗高标准同质化的管理经验和优质的医疗资源，服务于衢州的各项医疗保障工作，为衢州及四省边际地区的人民群众提供优质的全生命周期的健康服务。

（三）加大"走出去""引进来"力度，共享发达地区的科技资源

通过"走出去""引进来"，衢州充分吸收共享发达地区的科技资源。例如，衢州海创园选址杭州未来科技城，具备海创基地、人才驿站、招商窗口、形象载体、融资平台等功能，开创了"研发孵化在杭州、产业转化在衢州，工作生活在杭州、创业贡献为衢州"的异地聚才模式。衢州慧谷工业设计产业基地选址衢州绿色产业集聚区，吸引全省乃至全国有影响力的工业设计机构入驻，2013年入驻企业实现营业总收入3300万元，完成专利授权量200件，工业设计成果转化产值2亿元。此外，衢州与中国科学院宁波材料所、中国兵器科学研究院宁波分院、北京中关村等签订全面合作协议，与中国科学院上海有机所、长春应化所、宁波材料所等9家高等院校、科研院所建立长期战略合作关系，推进浙大、浙工大、杭电、中国科学院上海有机所、中国科学院宁波材料所等5家技术转移中心工作，建设了一批研发中心、院士专家工作站、博士后工作站等人才合作平台。

（四）通过互派互挂，提高党政干部的领导能力

2002 年以来，衢州与发达地区之间通过互设办事机构、选派挂职干部、共建示范园区等方式，让本地干部到发达地区"干中学"，让发达地区干部到本地有关经济部门、开发区挂职进行"传帮带"，将山海协作平台打造成为党政干部成长的摇篮，并且收到很好的成效。

三、加快全域协作，助力山区县跨越式发展

衢州正在推进山海协作市域融合和产业新升级，并通过全域协作助力山区县跨越式发展。

（一）推进山海协作市域融合和产业新升级

推进山海协作产业园建设和升级。2012 年，柯城—余杭、衢江—鄞州、龙游—镇海、江山—柯桥、常山—慈溪结对为省级山海协作产业园。2015 年，衢州成功打造开化—桐乡山海协作生态旅游文化产业园，它是全省首个非工业协作示范区。至此，衢州 6 个县（市、区）全部建成山海协作工程的产业园建设机制。衢州的 5 个工业产业园将继续加大基础设施投入，提高社会性投入的比例，力争在省级工业类产业园绩效评价中获得优异成绩。在生态旅游文化产业园建设方面，以开化—桐乡山海协作生态旅游文化产业园为例，该园是浙江省目前 16 个非工业山海协作园区中最早探索生态旅游文化产业项目的园区，按照"一园多点"布局，已有多个项目正在建设推进中，其中文化创意休闲街项目计划通过招引社会资本进行开发建设。在打造"多点"内涵进程中，该园将开化县一些村庄列入山海协作产业园第二类多点补助计划，进行治水造景、修桥筑路。无论是工业产业园还是生态旅游文化产业园，在山海协作产业园建设中，衢州都将产业数字化、智慧化改造作为重要抓手，积极打造百亿级产业园。

完善山海协作"产业飞地"新模式。山海协作"产业飞地"是指在浙江省大湾区新区、省级高能级平台等相关产业发展平台中，为 26 县

布局面积不小于 1 平方公里、以先进制造业为主的飞地。2016 年,衢州海创园正式在杭州开园,成为浙江首个跨行政区建设的创新飞地,开创了"孵化在杭州,产业在衢州"的新模式。为贯彻落实《浙江省人民政府办公厅关于进一步支持山海协作"飞地"高质量建设与发展的实施意见》的精神,衢州市协作中心(现为市招商投资促进中心)于 2021 年 3 月初赴杭州、绍兴、宁波、嘉兴等地,实地考察相关平台园区,与结对地区开展面对面交流。目前,衢州市 6 个县(市、区)均已达成山海协作"产业飞地"框架协议,形成 6 个山海协作"产业飞地":柯城—临平,衢江—鄞州,龙游—钱塘,江山—柯桥,常山—慈溪,开化—绍兴滨海新区。其中,常山—慈溪山海协作"产业飞地"是全省首个实现项目开工的"产业飞地"。建设"产业飞地",有助于"飞出地"开辟税源增收渠道、深化产业融合、增强内生发展动力,为打通"绿水青山"向"金山银山"转化的通道、加快推进跨越式高质量发展探索新模式、搭建新载体、开辟新路径。

(二)推进山海协作纵深发展

在山海协作乡村振兴示范点建设方面,衢州柯城区与杭州共建乡村振兴示范点,形成了"柯城区林木期权认购—杭州协作"的绿色期权模式和"张西村共享型乡村旅居产业—余杭区协作"的张西模式,使村民年人均收入由万元以下增加到数万元。2020 年 11 月,柯城区又通过实施余杭—柯城山海协作"消薄飞地"项目,共投入扶贫资金 3284 万元,量化股权到 86 个欠发达村,购买余杭未来科技城柯创园 3609.16 平方米物业,作为柯城区在余杭的"消薄飞地"。柯创园通过招引企业入驻,获得稳定的物业租金和税收收入,并确保每年收益反哺欠发达村。

在挖掘乡村特色资源方面,龙游县通过做宽"特色＋产品＋农业"模式,赋能乡村产业链条。以"两江走廊诗画风光带"片区镇海—团石山海协作乡村振兴示范点为例,龙游县对团石村特色农产品进行品牌化、精品化运作，截至 2021 年 9 月，已实现农特产品销售额 25 万余元，全年预计带动村集体经济增收 10 余万元。以临安—浦山乡村振兴示范点为例，该示范点实施乡旅景点、农家乐、民宿等乡村体验点文旅项目，引导组合形成具有市场导向的农文旅套餐产品，截至 2021 年 9 月，已实现经营性收入 600 余万元。

在社会公共服务协作领域，开化县形成了典型做法。一方面，加大自身的建设力度；另一方面，强化与结对地区的教育医疗协作。以开化—桐乡山海协作产业园为例，该产业园由"一园"和"多点"组成，"一园"中的县公共文化广场由图书馆、博物馆、文化馆、青少年宫、城市规划展示馆、档案馆"六馆合一"构成，于 2018 年 3 月开工建设，目前两个馆正式运营。开化县积极推进新时代城乡教育共同体建设，调整升级 20 对共建型教育共同体，43 所农村小规模学校和乡镇初中提前一年实现"互联网＋义务教育"全覆盖；推进县级公立医院综合改革，促进"医共体＋医联体"两体共融，开化县人民医院与浙大二院再续 5 年合作，开化县妇保院成为浙大儿院协作医院。

第三节　打造样板，为共同富裕添动能

2021 年 5 月，中共中央、国务院印发《关于支持浙江高质量发展建设共同富裕示范区的意见》，给浙江省带来重大发展机遇。随后，浙江省委、省政府印发《浙江省山区 26 县跨越式高质量发展实施方案（2021—2025 年）》，推动包括衢州在内的加快发展地区形成自我造血机制、提升内生发展动力，实现跨越式高质量发展。

对于所辖县（市、区）均被纳入山区 26 县的衢州而言，历史性地迎来了山海协作工程迭代升级的历史机遇。衢州通过深化杭衢山海协作、聚焦产业融合与乡村振兴、坚持精准对接与合作共赢，助推高质量发展建设共同富裕先行示范窗口。

一、深化杭衢山海协作，助推衢州实现弯道超车

衢州利用山海协作工程积极推动市域融合和相关基础设施建设。例如，杭衢高铁（衢州段）正在加速建设，钱塘江诗路之旅也完成首航并常态化运行；衢甬合作不断深化，正在加强衢江港区、四省边际多式联运枢纽港等港口物流合作。尤其是在杭衢山海协作方面，衢州高度重视并全力推动。

衢州提出深化杭衢战略合作、借智借力发展、融入杭州都市经济圈、打造山海协作升级版的设想，得到浙江省委、省政府的肯定与重视，也得到杭州市委、市政府的支持与响应。杭衢市级相关部门展开多轮磋商，高起点、高标准谋划两地合作，共同打造全省山海协作升级版样板工程。一方面，衢州推出新型工作机制，组建杭衢山海协作推进办，与杭州市 13 个职能部门无缝对接。严格执行报表、例会、督查、考核等工作制度，密切关注和督促工作动态；两市着眼区域发展战略，谋划推动国家级旅游协作区、全省大花园建设，将杭州城西科创大走廊向西延伸至衢州西区高铁新城，共同打造全省科技创新高地，为衢州海创园在杭州未来科技城打通后台，实现部分政策互通。另一方面，杭衢双方共同努力，将合作项目拓展到 17 个领域，在一些重点领域取得突破性进展。例如，在基础设施建设方面，杭衢高铁项目作为沪昆大动脉的重要辅助通道，已经开工建设，预计 2023 年建成通车，设计时速 350 公里，有望实现高端到高端、枢纽接枢纽，杭衢两地点对点直达，上下班"通勤"。该项目是衢州与全省同步高水平全面建成小康社会的关键交通要素，影响衢州未来发展格局和全局。

杭衢山海协作升级版深刻改变了衢州的合作方式、城市战略和发展路径，助推衢州实现弯道超车。合作方式实现由"输血"到"造血"的转变，杭衢合作从最初以产业帮扶、园区共建、新农村建设为主的简单"输血"，转变为以"六园"合作、"二路"共建为支撑的全方位、立体化的

"造血"；城市战略实现由"金衢"到"杭衢"的转变，衢州从以"金衢"盆地身份推进"金衢"合作战略为主，转向"东融杭州"的杭衢一体化战略；发展路径实现由承接到超车的转变，衢州从最初的提倡"承接省内发达地区产业梯度转移"，到践行"绿水青山就是金山银山"理念、共推全省大花园建设，进而寻求弯道超车。通过打造杭衢山海协作升级版，两地合作机制更加健全、合作模式更加丰富。

二、聚焦产业融合与乡村振兴，助推衢州共富进程

衢州高质量建设山海协作产业园，持续强化山海协作产业园的集聚发展效应和辐射带动效应。2021 年，全市 6 个山海协作产业园实现工业总产值 199.65 亿元，新增基础设施投资 14.23 亿元、社会性投资 91.3 亿元，均超额完成年度计划。柯城—余杭产业园、衢江—鄞州产业园持续做大存量和增量，并与园区（平台）整合提升工作有效衔接；龙游—镇海产业园新引进总投资 32 亿元的"云墨碳谷"新材料产业园等项目；江山—柯桥产业园实现产值破百亿元的目标，新引进研一新能源材料、交通安全设施产业园、吉成智能制造产业园等重大产业项目。

衢州高质量建设山海协作"产业飞地"。2021 年，借助发达地区在区域、项目等方面的优势，衢州积极开辟税源增收渠道，在杭州、绍兴、宁波等地的高能级平台建设 6 个"产业飞地"，在全省率先实现"产业飞地"签约、产业项目签约，率先实现市域各县（市、区）产业项目签约全覆盖。

衢州因地制宜，通过山海协作促进乡村振兴，加快产业共富进程。2021 年，衢州发挥援建资金撬动作用，与杭州、宁波、绍兴、嘉兴等地携手打造山海协作乡村振兴示范点 28 个。通过"物业购置、股权量化、招商纳贤、兑现支付"形式，在杭州、宁波、绍兴、嘉兴等结对县（市、区）共建山海协作"消薄飞地" 6 个，带动薄弱村抱团发展 491 个，惠及人口达到 54 万人，累计实现返利 4045 万元，走出一条壮大村级集体

经济的新路子。未来，衢州将高站位高起点抓谋划，重实干重实效抓推进，结合乡村振兴、共同富裕、"十四五"开局等新形势新要求，共建产业平台、共推产业协作、共谋民生事业、共促消费帮扶，不断推进山海协作升级版取得新成效。

三、坚持精准对接与合作共赢，助推衢州建设共同富裕先行示范窗口

2021 年 8 月，衢州市委、市政府发布《衢州高质量发展建设四省边际共同富裕示范区行动计划（2021—2025 年）》，提出"打造山海协作升级版，突出产业链协同，深化与沿海地区精准对接、合作共赢，推动'产业飞地''科创飞地''消薄飞地''人才飞地'提质增效，开展山海协作乡村振兴示范点建设，深入实施教育、医疗卫生'山海'提升工程，加快构建全方位、多层次、宽领域的山海协作新格局"。

衢州将抓住建设共同富裕先行示范窗口的历史机遇，发挥自身比较优势，坚持要素驱动，将山海协作提升到新水平。与相关地区做好互利共赢的制度安排，借助发达地区的资金、技术、人才、市场渠道、信息等优势资源，实现产业链层面的合作；深化山海协作产业园和"产业飞地"建设，实现产业平台层面的合作，把山海协作平台打造成为项目孵化的摇篮、人才集聚的高地和成果转化的通道；深入推进空间布局、产业发展、基础设施建设、自然资源开发、生态环境保护等方面的陆海协同，助力打造一流营商环境，实现帮扶成效的可持续和事半功倍，力争将衢州建设成为社会主义现代化先行市；进一步缩小山海距离，做好"引进来""走出去"文章，聚焦重点产业合作、合作平台建设，实现合作发展共赢；以互动交流为纽带，坚持"有形之手""无形之手"共同发力，强化政府责任担当，动员社会力量参与，为"十四五"时期深化山海协作注入持久生命力。

第五章 让南孔文化重重落地，
打造文化高地金名片

社会发展状况很大程度上依赖于文化发展的状况，文化的力量是社会生存发展的强大力量。正确把握文化发展方向，充分发挥文化的积极作用，对于引领社会全面发展至关重要。2006年，习近平同志在为《浙江文化研究工程成果文库》所作的总序中指出，今后一个时期浙江能否在全面建设小康社会、加快社会主义现代化建设进程中继续走在前列，很大程度上取决于我们对文化力量的深刻认识、对发展先进文化的高度自觉和对加快建设文化大省的工作力度。浙江能够在全国经济发展中走在前列，深层原因就在于文化的力量。习近平同志在浙江谋划加快文化事业发展时突出强调，"文化的力量，或者我们称之为构成综合竞争力的文化软实力，总是'润物细无声'地融入经济力量、政治力量、社会力量之中，成为经济发展的'助推器'、政治文明的'导航灯'、社会和谐的'黏合剂'"①。

就衢州而言，因在浙江历史文脉中的独特优势，衢州素有"东南阙里，南孔圣地"之美誉。衢州牢记习近平同志"让南孔文化重重落地"的重要嘱托，充分挖掘南孔文化精神内涵，不断健全现代文化产业体系，实现南孔文化创造性转化、创新性发展，积极构建大善大美人文环境，衢州市民文明素养和城市文明程度稳步提升。"让南孔文化重重落地""南孔圣地·衢州有礼""一座最有礼的城市"……一句句标语，

---

① 习近平：《之江新语》，浙江人民出版社2007年版，第149页。

串联起衢州打造文化高地金名片的重大标志性事件和重要时间节点。近年来,衢州全市域推行"八个一"有礼系列行动,创新开展"有礼指数"测评,高位创成全国文明城市;全力打响"南孔圣地·衢州有礼"城市品牌,市县一体建立"1＋6"城市品牌体系,衢州在域外的影响力和美誉度不断加强;南孔文化、围棋文化、清漾毛氏文化、杨继洲针灸文化等区域特色文化标识持续擦亮;加快补齐公共文化服务短板,推进市文化艺术中心、体育中心和新时代文明实践中心、农村文化礼堂、乡村振兴讲堂、南孔书屋等建设,乡镇(街道)综合文化站和村(社区)文化活动室实现全覆盖,初步构建"15分钟幸福生活圈",群众的文化获得感和满意度不断提升。

第一节　推动南孔文化复兴,
塑造"南孔圣地·衢州有礼"城市品牌

城市品牌化的力量就是让人们了解和知道某一区域,并将某种形象和联想与这个城市的存在自然联系在一起,让它的精神融入城市的每一座建筑之中,让竞争与生命和这个城市共存。城市品牌形象是城市文化精神、价值体系和文化软实力的重要体现,也是城市利益相关者对其心理感知和情感认同的融合文化产物。城市文化品牌既是一种"城市品牌",又是一种"文化品牌"。城市文化品牌是在城市规划、营销、建设过程中逐步形成的具有特殊价值和广泛影响力的文化现象,凝聚着特定城市独特的价值理念,体现出城市的知名度、美誉度和信誉度,发挥着城市的磁极效应,有效吸引人流、物流、资金流和信息流,最大限度整合文化资源,提升城市竞争力和影响力。打造城市文化品牌,已经成为每个城市关注与思考的焦点,其彰显了城市的软实力。衢州结合历史传承、区域文化、时代要求,打造自己的城市精神,对外树立形象,对内凝聚人心。

一、挖掘"有礼文化"，赋能城市发展潜力

南宋初期，孔子第四十八世孙袭封衍圣公孔端友率族人追随宋高宗南下后，在与当地文化不断融合和发展的基础上形成了南孔文化。南孔文化是儒学文化的重要内容，也是中华优秀传统文化的重要组成部分。南孔文化的内涵非常广泛，学者吴锡标曾经把它概括为四个方面：南孔文化是一种政治文化，与历代崇儒重道思想紧密结合；南孔文化是一种思想文化，其中蕴含的儒家思想是中国传统文化的重要组成部分；南孔文化是一种家族文化，孔氏南宗落脚到一个宗族上面，其"家文化"内容十分丰富；南孔文化还是一种地方文化，它本来在北方，又与南方水土紧密结合，形成了一种独特的地方文化。南孔文化所倡导的"崇学尚礼、义利并举、经世致用、知行合一"等思想，历经几百年的社会发展、文化变迁仍保持着旺盛的生命力和强大的感召力，对于个人修身养性，追求向上至善、忠诚担当、守礼笃实的精神境界具有强大的影响力与引领力。

研究孔子、研究儒学，是认识中国人的民族特性、认识当今中国人精神世界历史来由的一个重要途径。从某种意义上来说，南孔文化中体现出来的儒学风采包含着两千年以来中华民族的文化精髓，是衢州儿女坚定价值追求的重要源泉，也是激励衢州人民奋斗的精神动力。衢州牢记"让南孔文化重重落地"重要嘱托，积极挖掘城市文化内涵，系统整理文化资源，从更高层次、更宽视野、更新角度来加强对南孔文化的研究，不断探索南孔文化的现代意义，使形神兼备、内外兼修的南孔文化从典籍中走出来，从学术中走出来，更好地融入衢州城市建设。

在南孔文化研究、传承和发展方面，衢州市委、市政府始终把弘扬南孔文化摆在全局工作突出位置，形成了"成果出版、平台搭建、活动开展"三位一体的基本格局，推动形成了整体系统的发展态势。衢州着力加强研究阐发、普及教育、实践养成、保护传承等体系建设，做深

"文化＋文明"文章，将儒学思想、有礼品牌与衢州城市特质深度融合，不断提升南孔文化的传播力和影响力，不断提升城市知名度和美誉度。衢州着力打造四省边际文化文明新高地，努力在文化强国建设中贡献衢州力量，坚持以社会主义核心价值观为引领，带动南孔文化春风化雨、泽润浙西、引领风尚，推动形成适应新时代要求的思想观念、精神面貌、文明风尚、行为规范。

（一）搭建文化研究和传播交流平台，涵养城市文化底蕴

文化是城市的灵魂，城市是文化的载体。作为知识创新的产物，城市文化既是对一座城市内在丰富历史文化资源与外在城市形象的抽象化表达，更是对一座城市人文底蕴与精神气质的形象化呈现。

衢州充分发挥南孔圣地这张金色名片的凝聚作用，积极搭建弘扬儒学精神的高地。邀请浙江省社科院、浙江大学、浙江师范大学、衢州学院和南孔管委会等各方面专家学者，进行弘扬南孔文化的顶层设计，如儒学高峰论坛、南孔文化公开课等。自 2006 年起，衢州定期举办"国际儒学论坛"。在 2010 年第三届中国·衢州国际儒学论坛上，正式通过了《2010 中国·衢州国际儒学论坛衢州宣言》，彰显了南孔文化强大的凝聚力。2018 年，为更好地传承、弘扬和发展南孔文化，让南孔文化从典籍和学术中"走出来"，更好地融入南孔古城建设，衢州推出了南孔大讲堂。2020 年初，衢州高规格成立衢州南孔文化发展中心。2021 年 12 月，衢州南孔文化发展中心成功入选浙江省国际人文交流基地。衢州南孔文化发展中心的职能在于搜集、保存、修复、研究、展示、教育和应用南孔文化相关文物，研究、整理、编辑和应用衢州地方文史资料，挖掘、传承、谋划与融合发展南孔文化产业以及开展南孔文化国内外体验交流活动。与此同时，衢州不断推进南孔文化基因解码工程，以解码南孔文化基因为切入点，深入挖掘南孔文化丰富内涵，系统阐述南孔文化价值，推动南孔文化复兴。截至 2021 年 10 月 15 日，衢州南孔文化发展中心通过对南孔文化的全面调研、挖掘、

记录，共梳理了文化元素 154 个，涉及 3 个主类、12 个亚类、27 个基本类型；同时，对 20 项南孔文化重点元素进行解码，形成了南孔文化基因解码报告、基因图谱等成果，并结合衢州实际谋划了一批南孔文化基因转化利用项目。此外，衢州还积极组建南孔文化研究院，充分发挥市内外的学术力量开展南孔文化的系统研究。衢州学院吴锡标教授领衔团队完成的中华古籍保护计划项目《孔氏南宗文献丛书》，荣获浙江省第二十一届哲学社会科学优秀成果奖。

（二）开展普及教育和实践养成活动，凝聚城市价值共识

南孔文化的价值内核只有同人们的生产生活实践、成长发展历程紧密结合，才能成为人们的行动自觉和生活规范，成为人们日常工作和生活的基本遵循。

在学校方面，2004 年，衢州学院便着手在师范专业开设"中国文化概论"等特色文化课程，此后陆续面向全校开设"《论语》导读""《论语》的智慧""文化漫谈""儒家人生哲学与南孔文化"等人文素质通识教育课程。2012 年起，衢州学院又将"儒家人生哲学与南孔文化""人生哲学智慧"等课程作为本科工科类学生的专业限选课，受到了学生的热捧。在特色文化课程之外，衢州学院在孔氏南宗家庙建立大学生人文教育基地，每年组织大学生走进孔氏南宗家庙参观，让学生在浓厚的地域文化中耳濡目染。经过多年探索与实践，南孔文化已成为衢州学院的育人品牌和学术特色。南孔文化被评为浙江省高校校园文化品牌，"南孔文化育人模式的构建与实践"获浙江省高等教育教学成果奖二等奖，"儒风雅韵：南孔文化育人模式的探索与实践"获教育部全国高校校园文化建设优秀成果奖三等奖。

在社会方面，衢州面向广大群众广泛宣传南孔历史，提炼南孔文化精神。自 2004 年起，每年 9 月 28 日衢州定期举办以"当代人祭孔"为特色的祭孔大典，并且邀请全球各地的孔子研究专家、学者前来祭拜和交流。2005 年，"南宗祭孔"被列入衢州市首批市级非物质文

遗产名录；2007 年，"南宗祭孔"又入选浙江省首批省级非物质文化遗产名录；2011 年，"南孔祭典"被列入国家级非物质文化遗产名录，进一步扩大了孔氏南宗家庙的对外影响。当然，优秀传统文化只有走进当下的生活，为今天的社会大众所接受，成为当代文化的组成部分，才能有传承的活力。随着南宗孔氏家庙被列为全国重点文物保护单位和浙江省爱国主义教育基地，南孔文化的呈现载体也更为鲜活，更加贴近大众。如今，衢州市民浸润在"有礼大讲堂""南孔大讲堂""国学论衡"等儒学讲座中。儒学文化进校园成为常态，南孔书屋遍布全域……优秀传统文化真正走入寻常百姓家。

（三）深化文化交流交融，扩大南孔文化影响力

孔氏南宗延续了中华文脉，使江南地区经受了一次儒家文化的洗礼，对程朱理学等儒家新学派的产生起到了重要作用，对历史上浙东学派、永嘉学派、金华学派等重要学派的催生和发展产生了重要影响。基于对孔氏南宗各个支派的梳理来认识孔氏南宗对江南的影响更具有现实操作性。浙江的金华孔氏与温岭孔氏，都属于孔氏南宗；此外，南宗支派在其他省份如江苏、江西、福建等都有广泛的分布。孔氏南宗文化对衢州乃至整个江南地区的思想文化、道德伦理、民情风俗、政治经济诸多方面都产生了深远的影响，主要表现在促进学术中心南移、推动文学艺术发展、推进教育发展等方面。简言之，南孔文化以其价值和生命力内蕴着对历史、当下和未来的理性认知，虽历经时代变迁、朝代更迭、外族入侵、文化输入等历史沧桑，依然纳百川、汇众流，形成独树一帜的强大气派。

南孔文化地域影响力的提升，离不开文化的交流互鉴。只有深刻把握地域文化的差异性和价值点，提炼地域文化的优势，加强文化产业区域化协同发展，才能逐步拓展文化产业的区域化发展空间，强化区域内部、区域与区域之间的对接。衢州充分利用孔庙等现存历史遗址，联合儒学馆、孔氏家庙、衢州书院、衢州博物馆等多方力量，打造地

理意义上的南孔文化圈。在立足地域特色文化的基础上,衢州的南孔文化更要走出衢州、走向世界。

从国内文化交流看,衢州正以南孔圣地文化旅游区 5A 级景区创建为重点,主动融入钱塘江诗路文化带省级战略,打造"衢州有礼"诗画风光带,与杭州、金华等地合作,将南孔文化景区串珠成链,打造南孔文化研学游、溯源游和孔氏南迁圣迹游等线路。2020 年,第三届"中国南孔文化文明交流暨圣迹专访活动"举行,浙江、福建、江西联合打造南孔文化体验路线,通过走访浙江、福建、江西三地的孔庙、家庙,深入挖掘和弘扬地方优秀传统文化所蕴含的核心理念、传统美德和人文精神,助力文旅融合、文教结合,进一步推动南孔文化落地。在此基础上,衢州还致力于推动"南孔""北孔"合作交流。2021 年 4 月 1 日,中共衢州市委宣传部与中共曲阜市委宣传部在曲阜签订战略合作协议,主要就文化展示平台打造、学术交流、教育资源合作、文化产业发展、孔子文化推广经验交流等方面加深合作。2021 年,衢州与曲阜孔庙等 40 余家孔庙和文化机构联合举办全球云祭祀活动,在线观看规模达 281 万人次。

从国际文化交流看,自 2006 年起,衢州国际儒学论坛、国际孔子文化节活动每两年举办一届,南孔文化的国际影响力不断提升。2014 年 9 月 24 日,习近平总书记在纪念孔子诞辰 2565 周年国际学术研讨会暨国际儒学联合会第五届会员大会开幕会上的讲话中强调:"文明因交流而多彩,文明因互鉴而丰富。任何一种文明,不管它产生于哪个国家、哪个民族的社会土壤之中,都是流动的、开放的。这是文明传播和发展的一条重要规律。"①

衢州历史悠久、文化底蕴深厚,随着四省边际地区文化交流交融不断深化,南孔文化在四省边际的影响力进一步增强,"有礼品牌"与

---

① 《习近平在纪念孔子诞辰 2565 周年国际学术研讨会上的讲话暨国际儒学联合会第五届会员大会开幕会上的讲话》,《人民日报》2014 年 9 月 24 日。

城市特质深度融合，文化产品更加丰富，公共文化服务体系更加健全，文化强市建设富有成效，文化软实力不断提升，衢州正在成为"一座最有礼的城市"。

二、打造"有礼品牌"，提升城市发展形象

城市品牌是一座城市的专属名片，承载了城市精神和价值理念，展现的是薪火相传的历史文化基因和城市独有的个性资源。城市文化品牌体现着城市文化的特色、风貌乃至品位，文化品牌建设是提升城市文化影响力的关键。一个城市要提升知名度、影响力和吸引力，打响城市品牌是关键之举、战略之举。而城市品牌要有灵魂，必须融入地区传统文化精髓，必须在塑形象、重内涵、兴产业上下功夫。南孔文化符号本身有它的思想文化意义，有很大的凝聚力和向心力。而南孔一经传入浙江，与浙江本土文化相融合，就会产生聚变反应，释放出巨大能量。由此，南孔文化也成为衢州文化的根和魂，是衢州最具代表性的文化符号。衢州始终牢记习近平同志"让南孔文化重重落地"的重要嘱托，持续传承和发扬南孔文化，于2017年提出"南孔圣地·衢州有礼"的城市品牌，将打造"一座最有礼的城市"作为目标，让"有礼"贯穿南孔文化的历史、当下和未来，以"有礼"的丰富实践串联起社会治理、经济发展各领域。

（一）城市品牌视觉形象设计全面升级

城市品牌最直接的视觉体现就是它的形象标志和一系列的视觉规范。2018年4月8日起，衢州面向全球征集"南孔圣地·衢州有礼"城市品牌标识、吉祥物、卡通形象，市内外专家学者积极参与，活动共收到有效应征作品600余件。经征求意见、社会投票、专家评审等规定程序，衢州市委常委会确定城市品牌标识为作揖礼、吉祥物为快乐小鹿、卡通形象为南孔爷爷。"三大符号"围绕衢州地图轮廓、孔子行礼图、孔子形象等衢州和南孔文化核心创意元素，将"南孔圣地·衢州

有礼"的丰富内涵外化于行。

衢州不断完善"南孔圣地·衢州有礼"城市品牌共建共享机制，构建市县联动"衢州有礼"城市品牌体系，依靠南孔文化，以文化软实力来提升城市品牌效应，力争成为四省边际文化文明新高地。"衢州有礼"城市品牌不同于一般的城市宣传名片，它是一项全方位、立体式、多层次的系统工程。衢州坚持全市"一盘棋"，把品牌、奋斗目标的呈现与资源统一起来，形成市县两级的品牌体系。目前，通过共建共享，衢州6个县（市、区）同步打响县域"有礼"城市品牌，不断放大品牌集聚效应。"衢州有礼·棋妙柯城""衢州有礼·针灸圣地""衢州有礼·龙游天下""衢州有礼·锦绣江山""衢州有礼·慢城常山""衢州有礼·根缘开化"等县域品牌应运而生，系统化、多层次的品牌体系基本形成。

此外，衢州还推出"全球免费游衢州"和政府"拆墙透绿"服务，展现"有礼"印象。构建"1＋15"品牌代言体系（聘任衢州籍羽毛球世界冠军黄雅琼为衢州城市形象大使，聘任15名来自不同行业的知名人士作为城市品牌代言人），利用名人效应开展城市形象推广，取得了实效。衢州在城市品牌和文旅传播领域的探索实践得到了充分肯定，特别是在"2019中国城市大会"上，衢州首次跻身国内最权威的中国城市品牌评价百强榜，在全国293个地级市中排名第45位，被评为"2019中国品牌城市"。"南孔圣地·衢州有礼"城市品牌营销系列案例荣登"2019博鳌国际旅游奖"传播口号榜、文旅整合营销案例榜、IP形象榜，2020年还获得了年度品牌营销金奖。值得一提的是，衢州还整合了"三衢味""钱江源"等品牌资源，统一培育经营"衢州有礼"产业品牌及子品牌，以农特产品、文创产品为突破口，逐步向文化产业、文创产业、文旅产业等拓展延伸，形成资源共享、产业集成、分工协作的"衢州有礼"产业品牌体系。

（二）城市品牌形象推广更为主动

在确定城市品牌标识、吉祥物和卡通形象的同时，衢州建立起完整的城市品牌视觉识别系统，让"有礼"形象化、可视化。与此同时，城市品牌"三大符号"一经确定，衢州便对城市品牌使用管理进行规范，强化城市品牌场景应用，推进城市品牌有效转化，提升城市IP形象辨识度，特别是在市办公系统、城市环境、交通系统、文化产品、重大活动等多领域全方位推广使用城市品牌。借助文明创建，在公园广场、主干道路、商场市场、街道社区、文化礼堂等公共场所投放城市品牌标识、吉祥物和卡通形象展示标牌10万余件；投放2000余辆城市品牌公共自行车；选取市区内10条主要路线56辆公交车，通过公交车外车身喷涂、车内拉手、车内挡板、语音报站等形式展示城市品牌；全市出租车LED顶灯全面投放城市品牌宣传。全方位、多形式、广覆盖的城市品牌元素融入，让有礼气氛无处不在、有礼观念浸润人心。

衢州结合东西部扶贫、产业招商、旅游推介等中心工作，先后在北京、上海、武汉、深圳、成都等中心城市举办城市品牌发布会。以"南孔圣地·衢州有礼"冠名的两列高铁列车成为奔驰在京沪、沪昆、宁杭甬等高铁干线上的亮丽风景。充分借助浙江省山海协作工程推进会、"一带一路"（中国·衢州）国际经贸合作活动、新时代文化旅游发展大会、衢州人发展大会等重要会议、重要活动，将城市品牌元素融入其中。推出"衢州有礼"微信公众号、微信小程序，举办"快和我跳有礼舞"抖音挑战赛、"衢州有礼市民公约"视频征集、名人名家点赞"衢州有礼"、微信晒图打卡等活动，在全社会引起共鸣。积极对接新华社、中央电视台、《浙江日报》、浙江卫视等上级主流媒体，推出了一批重点城市品牌宣传报道，《浙江日报》先后刊发《让"衢州有礼"成为响亮的城市品牌》、《南孔圣地·衢州有礼　衢州举全市之力打造"一座最有礼的城市"》（专版）等重磅文章。此外，中央电视台新闻频道的《朝闻天下》《共同关注》等栏目先后播放衢州城市形象宣传片。高频、密集的外宣行动，使"南孔圣地·衢州有礼"的城市品牌迅速在全国打响。2019年，"南孔圣地·衢州有礼"城市品牌获"浙江省宣传思想文化工作创新奖"。在"2020中国品牌价值信息发布暨中国品牌建设高峰论坛"上，衢州进入中国地级市品牌综合影响力指数前100名城市名单。2021年，"南孔圣地·衢州有礼"荣登中国地级市品牌综合影响力指数榜，排第35位。

（三）城市品牌营造有礼风尚的氛围更加浓厚

"南孔圣地·衢州有礼"八个字，高度浓缩了衢州这座城市独特的文化元素和气质。衢州致力于将品牌建设与文明素质提升相结合，开展系列活动、落实长效机制、营造宣传氛围，充分发挥优秀传统文化的教化功能，将南孔文化的优秀内核外化为当代社会行动的价值引领和指导规范，渗透到社会生活的各个方面，以人们的社会互动完成文化的当代表达和社会呈现，从而实现文化的良性传承发展。

衢州不断深化"有礼"内涵，创新性地提出了打造"八个一"有礼系列行动，即打造一座"车让人"的城市、一座"自觉排队"的城市、一座"烟头不落地"的城市、一座"使用公筷公勺"的城市、一座"行作揖礼"的城市、一座"不随地吐痰"的城市、一座"没有牛皮癣"的城市、一座"拆墙透绿"的城市，推动社会主义核心价值观日常化、具体化、形象化、生活化，让文明有礼成为衢州这座千年古城最亮丽的底色。作为"衢州有礼"的核心内容，"八个一"有礼行动是衢州落实习近平同志重要指示、擦亮文化高地金名片、打造"衢州有礼·南孔圣地"的关键突破口。

衢州坚持以"城市文明"战略为牵引，深入贯彻《新时代公民道德建设实施纲要》《新时代爱国主义教育实施纲要》，推动"衢州有礼"落细落小落实。持续擦亮"文明招牌"，以全国文明城市的成功创建为新起点，坚持惠民利民导向，深化城乡文明共建，实施"千村修约"行动，推进移风易俗，全力打造一座人人有礼、处处见礼的城市和文明有礼的"乡村大花园"。同时，衢州努力做强"最美品牌"，深入挖掘凡人善举、最美人物，涌现出一批以全国最美奋斗者谢高华为代表的先进典型。

衢州结合文明城市创建，制定推出了《衢州有礼市民公约》，开设了《今日直击》《聚焦时刻》《有礼红黑榜》《有礼评论》等舆论监督栏目，尤其是在市区各重要公共场所设置了 38 块电子大屏幕作为户外媒体，对各种有礼行为进行点赞，对各种失礼行为进行公开曝光，在市民身边树立知礼守礼参照系，使有礼现象蔚然成风，使失礼行为者无地自容。城市品牌建设让衢州全市党员干部群众拧成一股绳，真正让"南孔圣地·衢州有礼"体现在日常生活中。与此同时，深入挖掘南孔文化内在价值，开发特色文创产品、研学游线路、动画作品等，进一步提升有礼之城的影响力、知名度和美誉度。除此之外，衢州大力推进全民阅读，打造"阅读有礼·书香衢州"品牌，更加关注人民群众的精神需求。衢州还坚持把"衢州有礼"与优化营商环境和基层治理有机结合，在浙江"最多跑一次"改革先行示范市、全国 12 个营商环境评价试点市、全国首批"雪亮工程"建设示范城市等一系列成果的基础上，推动基层智慧治理走在全国前列。

三、开发"有礼指数"，保障城市发展质量

"有礼指数"测评是城市品牌打造的一项重要工作。持续打响"衢州有礼"城市品牌，既要有顶层设计，又要有体系支撑。衢州创新推出"有礼指数"（CI）测评体系（见图 5-1），即在经济、平安、民生、生态 4 张报表的基础上，补充有礼报表，构建多元化、重实绩的评价体系。2020年 7 月，由衢州市文明委主导制定的《衢州市"有礼指数"测评体系》正式对外发布。《衢州市"有礼指数"测评体系》（2020 年版）分区块和部门两个版本，由"1＋7"八大版块构成。"1"是思想基础，主要为市委贯彻习近平总书记对衢州发展重要指示精神的系列理念观点、决策部署的学习宣传贯彻；"7"主要为有礼品牌、有礼教育、有礼之星、有礼秩序、有礼环境、有礼治理、有礼机制。其中，"区块版"由 25 项测评内容、80 条测评标准组成，"部门版"由 24 项测评内容、45 条测评标准组成。

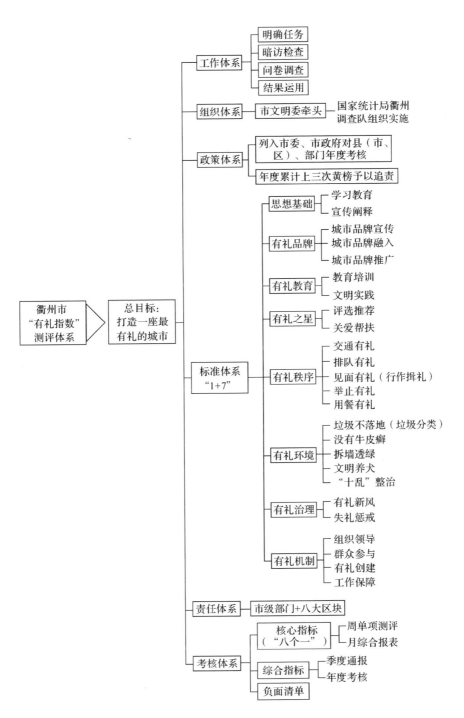

图 5-1　衢州市"有礼指数"测评体系

《衢州市"有礼指数"测评体系》另设负面清单,其中"区块版"10条、"部门版"8条。对出现负面清单情形的地方和部门,视情节严重程度予以相应惩戒。衢州"有礼指数"测评体系通过充分调研和讨论修正,内容涵盖文明教育实践、文明行为规范、城市品牌打造等多项内容,使"有礼指数"测评成为一个全面谋划、高度集成、统筹推进的系统工程。在这个测评体系构建过程中,衢州把小切口、具体化、可操作作为重要考量,强调不摆花架子、真正能落地。除了构建指标体系,衢州还健全了配套工作体系、组织体系、政策体系、责任体系和考核体系,明确了测评实施主体、实施方式和实施频次,并将测评成绩列入对县(市、区)和市级部门的年度考核,为落地见效提供了有力保证。另外,"有礼指数"测评以暗访为主,对包括个人、单位在内的失礼者通过各种形式曝光、通报,具有催化剂的作用,有利于"有礼之治"长效机制的培养。

总而言之,衢州"有礼指数"测评是深入贯彻落实习近平同志"让南孔文化重重落地"重要指示精神的具体行动,是大力弘扬南孔文化、传承历史文脉、加强基层治理和优化营商环境的战略举措,其主要目的就是让"有礼建设"成为一项常态长效的工作,通过"有礼"来提升衢州人民的思想认同、情感认同,让"有礼"引领精神文明建设,成为衢州的个性标识,成为衢州彰显城市魅力、提升软实力和竞争力的重要载体,为推动衢州大发展、快发展、高质量发展凝聚起磅礴的精神文化力量。

第二节　健全现代文化产业体系,
实现南孔文化创造性转化、创新性发展

建设现代文化产业体系是新时代我国经济发展中的重要内容之一,也是推动文化产业高质量发展的内在要求和重要保障。党的二十

大报告提出"繁荣发展文化事业和文化产业""实施重大文化产业项目带动战略"，为新时代文化产业发展指明了前进方向。创造性转化和创新性发展，是指引中华优秀传统文化传承与发展的重要方针，也就是要实现中华优秀传统文化与当代文化相适应、与现代社会相协调。衢州立足于新的实践要求，对南孔文化作出了合乎逻辑、合乎实际的创新，为南孔文化注入了新的时代气息，推动了南孔文化的创造性转化、创新性发展。

一、创新文化产品供给，文化产业地方特色更加凸显

特色文化产业是指依托各地独特的文化资源，通过创意转化、科技提升和市场运作，提供具有鲜明区域特点与民族特色的文化产品和服务的产业形态。当今世界，特色文化产业是地区经济增长和高质量发展的重要动力。作为文化发展和文化传播的最佳载体，文化产业已成为全球经济中最具潜力和前景的领域，特色文化产业的竞争成为国际文化竞争和资本竞争的主战场。文化的生命力源于与现实生活的接续，文化产品只有内生于现实生活需求才能获得社会市场的广泛认可。深入推进南孔文化创造性转化、创新性发展，必须深入推进南孔文化向现代生产生活的实践转化。具体而言，就是要运用产业思维，引导南孔文化回归当代民众日常生活，在满足人民日益增长的美好生活需要的基础上，通过创意设计、产业研发等方式，激发文化活力，使南孔文化资源的价值和意义在新时代充分彰显。

南孔文化蕴含着丰富智慧，是衢州人民在历史传承过程中存留下来的宝贵资源。"让南孔文化重重落地"，是将南孔文化从形而上的思想观念转化成现实影响力、转化成促进文化繁荣的生产力的有力举措。南孔文化作为传统文化的一部分，只有做到与时俱进才能焕发出新的活力，才能为当今社会做出其应有的贡献。南孔文化要吸引人们的目光，融入民众的生活，就必须回应时代的呼唤，开发出能满足不同

人群消费需求的文化产品。衢州围绕南宗历史、南孔家庙与儒家思想，结合衢州手工艺、美食、曲艺等本土文化，紧贴社会潮流，设计出极具特色的文化产品。例如，孔氏南宗家庙特制线装的袖珍版《论语》；设计师徐明及其团队相继推出的各种原创"南孔爷爷"各类原创衍生品（钥匙扣、抱枕、玩偶、微信表情包等），"南孔爷爷的书房"也相伴而生，带动了特色旅游纪念品的开发。2021年，衢州市特别举办"衢州有礼·礼遇南孔"文化创意产品设计大赛，明确要求参赛作品以南孔文化元素为主题，突出"衢州有礼"概念，体现南孔文化的悠久历史、厚重文化、人文风情、自然风貌等，彰显"南孔圣地·衢州有礼"独特的城市魅力。大赛吸引了一大批文创爱好者，共征集作品317件，其中，有礼产品组86套（系）、创意设计组231件，借此进一步丰富了南孔文化的文创新品。衢州大力推广"衢州有礼"标识、吉祥物、商标，统一培育"衢州有礼"产业品牌及子品牌，2021年5月，"南孔圣地·衢州有礼"集体商标正式获得国家知识产权局商标局的注册公告，获得商标专用权。

自2012年起，衢州举全市之力建设衢州儒学文化产业园区，使之成为撬动区域经济转型发展的新引擎。作为国家级文化产业试验园区，衢州儒学文化产业园以孔氏南宗家庙等老城区的儒学文化资源为核心区，创新性地将整座城市打造为文化产业大平台。尤为重要的是，衢州坚持以南孔文化为主体，对中西方优秀文化兼收并蓄，塑造南孔品牌代表中国走向世界的气质；坚持打破产业边界，支持"文化＋旅游""文化＋科技"等模式，加速品牌升级。

二、创新文化活动形式，公共文化服务体系更加健全

随着衢州南孔文化发展中心的成立，南孔文化创新性转化、产业化继承也在深入推进。以"衢州有礼"诗画风光带建设为载体，衢州积极举办四省边际城市群文博会，构建文化产业区域协作发展新平台，

特别是努力打造城乡融合、农旅融合、文旅融合、三产融合的大平台,带动文化产业的大发展大繁荣,不断增强衢州在四省边际城市群的文化势能。与此相一致,衢州以"古城双修"——南孔文化复兴和南孔古城复兴为核心,推进特色文化产业向诗画风光带集聚,为高质量发展提供新的增长极。在力推南孔古城复兴和南孔文化复兴的同时,衢州还推动儒学文化产业园区创建国家级文化产业试验园区,高水平建设"古城双修"新时代文化地标,推进农村文化礼堂、南孔书屋、农家书屋建设,提升公共文化服务水平。衢州以文化服务力满足新需求,加快"最多跑一次"改革向公共文化领域延伸,推进新时代文明实践中心、农村文化礼堂融合建设;以文化影响力抢抓新机遇,建设"四好衢州"(好看、好听、好吃、好玩)文化品牌,持续办好南孔祭典、四省高校论语大会、"尼山杯"衢州市中小学生《论语》学习系列大赛、"丰收中国·衢州有礼"文艺汇演、"青春中国·衢州有礼"百所高校原创音乐大赛等一系列活动。

另外,图书馆和城市书房是一座城市的精神地标,是公共阅读服务的重要支撑。衢州把 24 小时自助图书馆定名为"南孔书屋",由孔祥楷先生题写,所有书屋统一品牌、统一标识、统一服务标准,打造衢州自己的公共阅读服务品牌。从 2018 年开始,衢州连续将南孔书屋建设列入政府为民办实事工程,打造法律、棋子、书法、摄影、儿童文学、金融、文博、科技等不同主题书屋 15 家。2020 年 12 月,"衢州有礼"阅读联盟成立,它是衢州社科界重点打造的阅读类社科普及平台,旨在营造多读书、读好书、善读书的良好风尚,为打造新时代文明生活示范市和一座最有礼的城市,建设活力四射、精致和谐的四省边际中心城市提供更强的人文支撑和精神力量。到 2025 年末,衢州将实现南孔书屋在乡镇(街道)、未来社区全覆盖。

衢州充分考虑文化活动的公众接受度,巧妙地将南孔文化因子融入活动全过程,不断提升南孔文化的感召力和影响力,引领社会主流价值观念。2018 年 10 月,柯城区沟溪乡举办首届中国儒学乡村文化节暨乡村大型祭孔活动,这既是"自然有礼"的表达,又是南孔儒学文化形象的有力支点。从体验系统构建来看,借助沟溪中国儒学乡村的附属节事景观,设计"六艺"主题民宿,引入水上娱乐、骑马射箭等大众竞技项目,举办主题音乐节等礼乐文化活动,丰富节事形象。从品牌宣传策略来看,将已列入世界非物质文化遗产名录的九华乡"立春祭"等活动,都纳入南孔儒学文化节的节事系统。祭孔的"敬圣之礼"、沟溪的"自然之礼"与九华等乡镇的"祭天之礼"以不同景点的差异化体验形成系列布局,激发品牌传播的强大互联效应。

三、创新文化传播渠道,文化传承与创新表达更加有效

传播创新是中国文化发展的常态,中国历史上的一个又一个文化发展高峰,都离不开对传统文化传承传播的创新。这既是传统文化内在价值和意义被重新发现、重新认识的过程,也是传播渠道、形式、方法不断创新的结果。文化载体衡量着一种文化的温度与质感,也决定着一种文化的传递方式与力度。衢州坚持传承与创新并举,采用多渠道、多形式、多维度的传播方式,使更多的市民尤其是青少年得到南孔文化的全面滋养。

衢州抓好常规性的实地宣传,如孔氏南宗家庙、孔子文化公园,北门街、水亭门历史文化街区,以及衢州儒学文化产业园、中国儒学馆、儒学文化区等。2020 年 12 月 2 日,全国首个"有礼馆"——衢州有礼馆(衢州新时代文明生活馆、衢州市创建全国文明城市展示馆、衢州小锦鲤总馆)开馆,不仅让"衢州有礼"有了一个集中对外展示的窗口,更让市民有了一个互动体验的平台。"水亭门之夜"沉浸式主题演出作为"南孔圣地,衢州有礼"品牌宣推的重要载体,采取专业化演出、流动式演出、自助式演出相结合的方式,融入音乐剧、戏曲表演、乐器演奏、舞蹈、非遗技艺、民俗文化等元素,带给观众"多场景、沉浸式、个性化"体验。衢州还通过"有礼大讲堂""南孔大讲堂"等平台邀请高端专家

举办主题讲座，广泛传播南孔文化倡导的崇学尚礼、义利并举、知行合一、经世致用等理念。

衢州充分借助新科技革命带来的"互联网＋"浪潮，利用"三微一端"等新媒体平台提高传播到达率、响应率和交互性，将文化传播的主要阵地逐步向网络平台转移。在网络时代，各种信息平台为文化传播创新提供了更多机会。衢州充分借助新媒体，以影视、动漫、游戏等为载体，为南孔文化的传播增添趣味性和故事性；在衢州全市机关单位实现"衢州有礼"彩铃的全覆盖，用户突破 10 万人。

第三节　构建大善大美人文环境，
提升市民文明素养和城市文明程度

党的二十大报告在部署"推进文化自信自强，铸就社会主义文化新辉煌"时，明确指出要"提高全社会文明程度"。城市文明是城市竞争力的核心要素，是可持续发展能力的重要标志。市民素质又是城市文明的核心，在城市文明建设中起着根本性的作用。衢州积极构建大善大美人文环境，高位创成全国文明城市，积极创建新时代文明生活示范市，努力打造四省边际文化文明新高地，致力于将人文土壤、历史积淀、社会环境有机融合，促进衢州市民文明素养和城市文明程度持续提升。

一、高位创成全国文明城市，市民文明素养不断加强

全国文明城市，是经济建设、政治建设、文化建设、社会建设、生态文明建设和党的建设全面发展，市民文明素质、城市文明程度、城市文化品位、群众生活质量较高，信仰坚定、崇德向善、文化厚重、和谐宜居、人民满意的城市。它是反映城市整体文明水平的综合性荣誉称

号,是目前国内城市综合类评比中的最高荣誉,也是城市竞争中最具价值的金字招牌。创建文明城市,是一项有丰润价值内涵和人文精神的群众性创建活动,有利于提升城市在全国的知名度、美誉度和城市竞争力,有利于提振人民干事创业的精气神,有利于提升城市治理能力和治理水平,有利于增进民生福祉,提高人民群众的获得感、幸福感、安全感。

创建为民、创建靠民、创建惠民,是衢州创建全国文明城市的初心与使命。在衢州,文明创建形成了"党委领导、政府主抓、部门联动、区块为主、各方参与"的工作格局。35万人组成的小锦鲤志愿者队伍,形成"三团、三红、三站、三大活动"的衢州特色体系。"红色物业联盟"让"党建统领＋基层治理"生根开花,形成"礼治、法治、自治"的衢州样板。衢州始终坚持"文化＋文明"的发展路线,以"衢州有礼"引领文明创建,以文明创建助推城市发展;积极推动构建城市文明行为规范体系,并通过"有礼之星"选树、志愿服务、电视问政、不文明行为曝光等形成闭环,使城市文明程度显著提升。与此同时,为了巩固提升全国文明城市创建成果,衢州还广泛开展"衢州有礼·新时代文明生活"十大行动,深化"八个一"有礼系列行动,推动社会主义核心价值观日常化、具体化、形象化、生活化,打造新时代文明生活示范市,争创全国文明城市典范城市,实现全国县级文明城市创建新突破。衢州在全国率先打造一座"使用公筷"的城市,一座"行作揖礼"的城市,同步打造一座"不随地吐痰"的城市。此外,衢州注重家庭、家教、家风建设,广泛开展志愿服务活动,构建市县乡村四级新时代文明实践体系,持续擦亮"最美衢州人"品牌。

自2015年启动全国文明城市创建以来,衢州深入开展"十大专项整治行动"和"百日攻坚行动",实现城市基础设施大升级、环境秩序面貌大变样,市民的获得感明显增强。2018年10月,衢州制定了《衢州有礼市民公约》,其中就包括"笑迎宾朋,作揖问好""桌餐不挑菜,提倡用公筷""垃圾投放要分类,看到随手捡入桶"等内容。特别是2019年

末新冠疫情暴发以来，使用公筷公勺在全国迅速推广。2020 年 5 月
22 日，《衢州市文明行为促进条例》正式施行，该条例将衢州文明城市
创建相关经验和做法以地方立法的形式加以固化提升，有助于建立健
全文明城市创建常态长效机制，营造共建共治共享的社会治理新格
局。2020 年 11 月 10 日，中央文明办公布了第六届全国文明城市入选
城市名单，衢州以全国第 4 名的优异成绩入选。2022 年 3 月 30 日，中
央文明办下发了《关于 2021 年全国文明城市年度测评结果通报》，衢
州在 114 个全国文明城市地级市中排名第一，获得通报表扬。

二、积极创建新时代文明生活示范市，社会文明程度不断提升

　　创建新时代文明生活示范市是衢州精神文明建设守正创新的破
题之举，也是回应群众关切、巩固全国文明城市创建成果、提升社会文
明程度的重要载体。2018 年 8 月 21 日，习近平总书记在全国宣传思
想工作会议上强调："要大力弘扬时代新风，加强思想道德建设，深入
实施公民道德建设工程，加强和改进思想政治工作，推进新时代文明
实践中心建设，不断提升人民思想觉悟、道德水准、文明素养和全社会
文明程度。"[①]2018 年 8 月 24 日，中共中央办公厅印发《关于建设新时
代文明实践中心试点工作的指导意见》，要求在全国县一级建设新时
代文明实践中心，实施全域文明创建计划，大力推进文明城市、文明村
镇、文明单位等群众性精神文明创建，实现新时代文明实践中心建设
全覆盖。《中华人民共和国国民经济和社会发展第十四个五年规划和
2035 年远景目标纲要》明确要求，"实施文明创建工程，拓展新时代文
明实践中心建设"。

　　志愿服务是现代社会文明进步的重要标志，是加强精神文明建

---

　　① 《举旗帜聚民心育新人兴文化展形象　更好完成新形势下宣传思想工作使命任务》，《光明
日报》2018 年 8 月 23 日。

设、培育和践行社会主义核心价值观的重要内容。中共中央办公厅《关于建设新时代文明实践中心试点工作的指导意见》明确指出："新时代文明实践中心（所、站）的主体力量是志愿者，主要活动方式是志愿服务。"衢州始终坚持品牌孵化、以点带面、全域推进，切实发挥志愿者作为新时代文明实践"主力军"的作用，全面推进新时代文明实践中心建设。一是"公转＋自转"，围绕中心，服务大局，实现主体全覆盖。衢州紧紧围绕打造"一座最有礼的城市"核心目标，坚持市县联动、统筹推进，打造"衢州小锦鲤"文明实践志愿服务品牌，切实提升"小锦鲤"的社会知晓度和品牌美誉度，全面提升文明实践志愿服务标准化、常态化、专业化水平。二是"线上＋线下"，以点带面，全面开花，实现阵地全覆盖。衢州坚持以"流动＋固定"为原则，以"点位＋条线"为核心，按照"六有一坚持"标准，设立了 260 余个文明实践志愿服务点位和 100 余个劳动者港湾，切实打造文明实践"300 米服务圈"，夯实文明实践中心实体阵地。三是"专业＋专项"，群众吹哨，志愿报到，实现项目全覆盖。衢州根据群众生活所需，积极打造集项目展示、资源配置、组织合作和文化交流于一体的品牌赛事，举办了首届衢州市新时代文明实践中心志愿项目创意赛，评选出"一元爱心早餐店""益路青骑行"等获奖项目 28 个，打造了一个独具衢州特色的新时代文明实践志愿服务项目库，在全市范围内形成支持文明实践志愿服务事业发展的强大合力。

衢州积极出台《巩固全国文明城市创建成果奋力打造新时代文明生活示范市实施方案（2021—2023 年）》，发布《衢州市新时代文明生活健康十条》，广泛开展新思想学习宣传、文明习惯养成、绿色生活倡导等"十大行动"，着力构建有礼城市管理、有礼基层治理、有礼市民培育等"六大机制"。截至 2021 年，衢州建成新时代文明实践中心 6 个、新时代文明实践所 103 个，覆盖率达 100％；建成新时代文明实践站 1346 个，覆盖率 84.8％。经过不断努力，衢州成功入选全省高质量发展建设共同富裕示范区（精神文明高地领域）首批试点；衢州餐饮行业推广使用"公筷公勺"入选 2021 年度国家级服务业标准化试点项目；"打造'一座最有礼的城市'以新时代文明风尚推动构建市域德治体系"入选全国市域社会治理现代化试点。衢州市委八届二次全会提出了"崇贤有礼、开放自信、创新争先"的新时代衢州人文精神，这清晰勾勒出新时代衢州人文精神的基本构成，突出了衢州有区别于其他城市的文化特色与精神内涵。新时代衢州人文精神的提炼与总结，反映的是经济发展迈上新台阶、人民生活实现新改善、城乡面貌呈现新景象、社会文明成为新典范、治理能力得到新提升等衢州社会文明发展的基本面貌，凝聚着对活力新衢州、美丽大花园、发展高质量、治理现代化等衢州社会文明发展的未来期待。另外，衢州还需要充分挖掘万少华等 16 位新时代衢州人文精神代言人事迹，运用矩阵式媒体平台对这些先进事迹进行集中、持续宣传报道，以此引导全市人民学习好、传承好、践行好新时代衢州人文精神，进而提升城市文化凝聚力，凝聚发展共识。

三、努力打造四省边际文化文明新高地，精神文明建设不断深化

在衢州市"十四五"规划和二〇三五年远景目标的"五个高地"中，"四省边际文化文明新高地"成为其中一个重要的高地；在衢州市委八届二次全会提出的十个"桥头堡"中，"四省边际文化文明桥头堡"是其中一个重要的"桥头堡"，这说明衢州市委、市政府对文化工作高度重视，对文化在经济社会发展中所起的作用有深刻的理解和认识。

衢州是中国围棋之乡，坐拥围棋界公认的围棋发祥地——"围棋仙地"烂柯山，2020 年，衢州被认定为全国 5 个"国际围棋文化交流中心"之一。衢州在全国率先建成启用国际围棋文化交流中心，按照"一年出亮点、两年见影响、五年朝圣地"三步走，全力推动"世界围棋圣地"建设。在全国率先建成国际围棋文化交流中心，高标准建设烂柯

围棋文化园,谋划打造烂柯围棋智慧产业园;建设中国围棋队衢州训练基地,以"衢州烂柯杯"世界围棋公开赛为统领,打造"烂柯"系列围棋赛事体系和"烂柯在线"网上赛事平台;创设烂柯·中国围棋年度大奖,加强对烂柯文化的研究与宣传,助力烂柯文化"走出去"。2022 年4 月1 日,《衢州市围棋发展振兴条例》正式实施,这是国内首部围棋法规,对推动衢州围棋文化走向世界、打造文化高地金名片具有重要意义。《衢州市围棋发展振兴条例》共7 章45 条,以地方性法规的形式,分别对围棋文化保护与传承、围棋教育与普及、围棋交流与提升、围棋产业融合与发展等方面作出规定。

2022 年,衢州有7 项特色文化入选首批100 个"浙江文化标识"培育项目名单,其中包括南孔文化(市本级)、九华立春祭(柯城区)、姑蔑文化(衢江区)、清漾毛氏文化(江山市)、龙游商帮文化(龙游县)、宋诗之河文化带(常山县)、钱江源文化(开化县)。衢州致力于繁荣发展文化事业和文化产业,做好"文化＋"文章,加快构建现代文化产业体系,大力推动"两子"文化创造性转化、创新性发展。一方面,实施文化产业数字化战略,加快培育数字文化产业,主动融入未来社会的文化变革,实现文化的传承与创新共生共融。另一方面,推进文体农旅深度融合,全方位接轨钱塘江诗路文化带、之江文化产业带建设,深入挖掘常山宋诗之河文化带、江山千年古道、柯城九华立春祭等优秀传统文化和开化红色革命文化,加快根宫佛国、江郎山·廿八都5A 级景区提升,争创南孔古城、烂柯山、灵鹫圣境、龙游石窟·红木小镇5A 级景区,打造一批千万级核心景区、百亿级文旅大项目、文旅类上市公司,努力成为"诗画浙江"中国最佳旅游目的地和世界一流生态旅游目的地。衢州还将文旅平台的打造跨过省界,积极推进浙皖闽赣国家生态旅游协作区建设,与黄山、南平、上饶共建浙皖闽赣(衢黄南饶)"联盟花园"。该区域拥有世界文化与自然双重遗产2 处、国家5A 级旅游景区9 个、4A 级旅游景区82 个,是全国旅游发展条件最优越的区域之一和省际旅游一体化发展核心区,现已成为长三角一体化战略的延伸，切实推动生态富民、生态惠民。为大力发展文旅产业，自 2017 年开始，衢州每年都会推出"全球免费游衢州"活动，除国家法定节假日、双休日，参与景区对全球游客全年 200 余天免费开放。

除此之外，衢州还深入推进"8090 新时代理论宣讲"工作。2019 年 9 月，龙游县创新组建"8090 新时代理论宣讲团"，结合"不忘初心、牢记使命"主题教育开展理论宣讲工作。2020 年 5 月 18 日，《光明日报》第 5 版整版刊出《青春力量让创新理论飞入寻常百姓家》，获得各方关注和点赞。2020 年 6 月 30 日，全市新时代青年理论宣讲工作现场会召开，全市域体系化推进"8090 新时代理论宣讲"工作。全市 11 支（"1＋10"）宣讲团在会上授旗出征。2020 年 7 月 21 日，浙江省新时代青年理论宣讲工作现场会在龙游召开，会议强调要准确把握"让青年人讲给青年人听"的定位，秉承"群众在哪里宣讲就到哪里"的理念，贯穿"让理论传播有朝气接地气"的要求，保持"久久为功打基础蓄能量"的韧劲，巩固和发展浙江省青年理论宣讲工作成果。自 2019 年 9 月以来，从龙游到三衢大地，一场场催人奋进的宣讲活动持续接力，为党的创新理论插上了"青春"的翅膀。

衢州市委提出，全市域体系化推进"8090 新时代理论宣讲"工作，按照"理论进万家、'最后一公里'、走群众路线、育时代新人"的总体目标，制定出台 18 条指导意见，着重完善队伍体系、服务体系等"五大体系"，坚持"体制内＋体制外""党内＋党外""市内＋市外"一体化推进，吸引各行业、各领域的青年才俊加入宣讲队伍，包括寓外乡贤、企业家、创业者、农村致富能人、"网红主播"等，形成市县乡村联动、更大范围参与的青年理论宣讲格局。衢州"8090 新时代理论宣讲团"开辟了一条新路子，即通过建立固定时间、地点的集中学习以及骨干宣讲员轮训等制度，实现理论学习常态化；以基层宣讲的实际需要，倒逼推动青年理论学习由"要我学"向"我要学"转变；通过青年讲给青年听，让更多年轻人从"粉丝"变"讲师"，形成了学习理论与传播理论的"乘数效应"；通过学中干、干中信，以自主的学习和真实的体验，让青年感悟理论的力量、看到真理的光芒，成为习近平新时代中国特色社会主义思想的坚定信仰者、积极传播者、忠实践行者。

　　总体而言，当前，新时代衢州人文精神与共同富裕先行示范窗口建设实践并驾齐驱、同向同行。在共同富裕先行示范窗口建设的伟大实践中，衢州不断发扬南孔文化等优秀传统文化，同时又审时度势、改革创新，把由此激发的人民的创造力和凝聚力作用于衢州社会生活的各个方面。衢州在继承南孔文化精神的基础上，立足于当今时代的客观实际，打造文化高地金名片，进而为衢州建设共同富裕先行示范窗口提供强大的文化凝聚力和精神推动力。

第六章 加快市域治理现代化，
激发社会发展新活力

社会治理新常态是在发展中化解矛盾、改善民生、建设美好生活。加强和创新社会治理，是完善和发展中国特色社会主义制度、推进国家治理体系和治理能力现代化的重要内容。习近平同志在浙江工作期间，立足浙江、放眼全球，孕育了"以人民为中心"的发展思想，发挥浙江体制优势，推进全面深化改革，创造性地提出并实施了"平安浙江"建设战略，开创了浙江社会发展的新局面。

衢州深入学习贯彻"以人民为中心"的发展思想，牢记重要嘱托，想群众所想，加快市域治理现代化步伐。通过推进县域整体智治、加大民生保障、落实平安衢州建设等实践，衢州深入贯彻落实党中央关于加强和创新社会治理等决策部署，积极顺应新时代经济社会发展的新特点和人才发展战略，做好民生保障，激发社会发展新活力。

第一节 推进县域整体智治，完善基层治理体系

党的二十大报告指出："完善社会治理体系，健全共建共治共享的社会治理制度，提升社会治理效能，畅通和规范群众诉求表达、利益协调、权益保障通道，建设人人有责、人人尽责、人人享有的社会治理共同体。"这些重要论述阐明了社会治理的时代要求，明确了城市治理的实践逻辑。从共建的角度看，要实现"碎片化管理"到"整体性治理"的

转变；从共治的角度看，要实现"单一行政管理"到"多方协商治理"的转变；从共享的角度看，要实现"单向度发展"到"共享式发展"的转变。衢州"县乡一体、条抓块统"实践探索立足县域整体智治，以乡镇（街道）为落脚点，以党建为统领，以数字化改革为驱动力，以"一件事"集成联办为突破口，通过权责重构、资源重配和体系重整，构建了明晰化县乡权责体系、模块化镇街职能体系、精细化组团服务体系、集成化联动指挥体系、数字化平台支撑体系和制度化管理考评体系等六大体系，打通和整合了党政机关各项职能，推进了跨部门、跨领域、跨层级的系统集成，初步形成了"即时感知、科学决策、主动服务、高效运行、智能监管"的基层治理新模式。

一、立足实际，谋划整体智治方案

习近平总书记指出，"推进国家治理体系和治理能力现代化，就是要适应时代变化，既改革不适应实践发展要求的体制机制、法律法规，又不断构建新的体制机制、法律法规，使各方面制度更加科学、更加完善，实现党、国家、社会各项事务治理制度化、规范化、程序化"[①]。党的十九届四中全会审议通过的《中共中央关于坚持和完善中国特色社会主义制度推进国家治理体系和治理能力现代化若干重大问题的决定》指出，现代国家建构的基本趋向之一就是不断地推进国家治理体系和治理能力的现代化。治国安邦重在基层，基层治理是国家治理和地方治理的微观基础，是社会矛盾的集聚点和社会建设的着力点。基层治理作为国家治理和地方治理的基石，直接制约着国家治理现代化的水平，对落实国家治理和地方治理的政策任务有着重要意义，必须把抓基层、打基础作为长远之计和固本之举。

---

① 《切实把思想统一到党的十八届三中全会精神上来》，《人民日报》2014年1月1日。

　　基层治理需要岗位人员、财政经费、职务权力、精神荣誉等资源,而这些来源于体制的配置。乡镇并非一级完整政权,其部门设置不齐全,权力配备有缺陷,因而在协调处理基层治理问题的过程中容易出现以下问题:一是统一的体制资源与个性化的治理事务不匹配。县乡的机构设置、财政拨付、岗位编制等是统一的,但不同地方面临的具体问题不同。由统一的体制和资源来处理不同的问题,势必导致体制资源与治理问题的不匹配。二是稳定的体制资源与变化的治理事务不匹配。统一的体制资源具有稳定性,特别是机构改革后乡镇机构设置、岗位编制等在较长的时间内相对稳定。但新的治理问题和治理需求将随着时间流逝和社会变迁不断涌现。如赡养纠纷等传统社会矛盾减少,交通事故、民间借贷、劳资纠纷等新的社会矛盾产生,而根据历史时期治理事务的特点所确定的体制资源,便与新的治理需求产生脱节。三是分割的体制资源与综合性的治理事务不匹配。不同部门的体制资源配置具有专门性和专业性,但具体到乡镇,许多治理事务是综合性的,无法与单一的部门进行对应。如机动车违停管理中,市综合行政执法局与市公安局交警支队的管理执法职能存在差异,执法区域难以同步一致,因此产生了治理的真空地带,违法行为人利用单一部门无法对非职能范围领域的违法行为进行行政处罚的限制而躲避处罚,"看得到但无人管"。四是稀缺的体制资源与繁忙的治理事务不匹配。稳定而统一的体制资源是稀缺的,乡镇较县一级部门在职权、财政、编制等方面资源更为稀缺,但承担的治理事务不断增多,"上面千根线,下面一根针",条条压责到属地,导致"甩锅"基层。

　　基于上述问题,乡镇要在不突破体制规范、不打破体制格局的前提下,充分利用体制资源完成治理任务,就要进行治理机制与工作机制的创新,衢州的"县乡一体、条抓块统"改革(见图6-1)便应运而生。

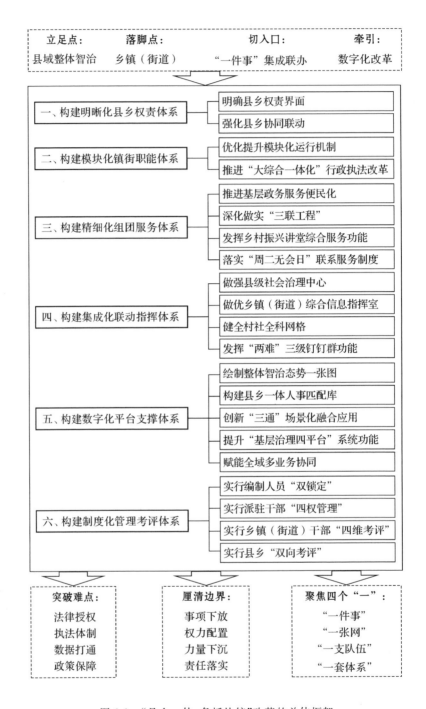

图 6-1 "县乡一体、条抓块统"改革的总体框架

"县乡一体、条抓块统"改革就是立足县域整体智治，以乡镇（街道）为落脚点，以数字化改革为牵引，以"一件事"集成改革为切入点，以六大任务体系（权责体系、职能体系、服务体系、指挥体系、支撑体系、考评体系）为保障，进一步打通和整合党政机关各项职能，推进跨部门、跨领域、跨层级系统集成、高效协同，努力实现流程再造、职能重塑、效能提升，形成即时感知、科学决策、主动服务、高效运行、智能监管的新型治理形态和治理模式。"县乡一体、条抓块统"改革把县乡作为整体考虑，旨在通过权责重构、资源重配、体系重整，促进条的专业性管理和块的综合性治理，着力构建新型基层管理体制，形成高效治理格局。"县乡一体、条抓块统"改革是践行全面深化改革总目标的具体行动，是推进省域治理现代化"牵一发而动全身"的重大改革，是浙江建设"重要窗口"的标志性改革工程，是实现"活力新衢州、美丽大花园"目标的生动实践。

二、条抓块统，构建六大任务体系

"县乡一体、条抓块统"改革的整体定位是以县为单位，解决基层治理的基本共性问题。六大任务体系的构建既是改革的重点任务，也是改革的基本框架，各体系有机融合、互相贯通。衢州围绕六大任务体系共开展 21 项工作，梳理"条抓"和"块统"的关系，厘清职责边界，形成标准规范。

（一）构建明晰化县乡权责体系，强化县乡协同联动

通过县级部门赋能基层，以乡镇（街道）的实际需求为出发点，明确县乡权责边界，厘清县乡工作界面，强化县乡业务协同。简单地说，就是要厘清不同层级的政府职责，避免出现"有权无责"或"有责无权"的现象。县级政府是最低一级完整的地方政府，工作繁杂，关系复杂，它与乡镇（街道）之间的衔接节点非常重要，关系到县级以上层面的政策能否顺利推行到基层。因此，县乡权责体系的明晰化应放在首位，

其他五个体系都围绕明确后的权责体系而运作。

（二）构建模块化镇街职能体系，增强执法整体性、规范性、高效性

通过乡镇（街道）模块化改革，重塑乡镇（街道）的组织框架和职能体系，对乡镇（街道）内设科室、事业单位和部门派驻机构进行全面整合。如果说县乡权责体系厘清了"一件事"的工作界面和权责关系，那乡镇（街道）职能体系便关系到"谁来做、做什么、如何做"的问题。在这一体系中有两个方面的具体内容：一是优化模块化运行机制。2019年，衢州所有乡镇（街道）探索构建了以"大党建""大协调""大治理""大执法""大经济""大服务"等六个功能模块来运行的基层治理模式，后又通过结构调整，迭代升级"基层治理四平台"（党建统领、经济生态、平安法治、公共服务）。二是"大综合一体化"行政执法改革。在乡镇（街道）层面开展"一支队伍管执法"改革试点。整合县级相关部门执法职责、执法力量和执法资源，依法赋予乡镇（街道）行政执法权，构建"综合执法＋专业执法＋联合执法"模式，赋予县级社会治理中心和乡镇（街道）综合信息指挥室相应的行政执法协调指挥权，实现跨部门、跨区域、跨层级的"三跨"一体联动执法。

（三）构建精细化组团服务体系，夯实基层治理基础

发挥村（社区）组织的主体作用，激发党员群众主体意识，强化为民服务，为网格内的居民提供多元化、精细化、个性化服务，深入基层、深入群众，夯实基层治理基础。精细化组团服务体系在六大体系中起核心作用，是"以人为本"、维护最广大人民群众根本利益的最佳体现。精细化组团服务体系包括如下四项任务：一是推进基层政务服务便民化。这也是"最多跑一次"改革在基层治理中的延伸和拓展。通过实行"乡镇一窗受理出件、县乡一体联审联办"服务模式，将群众所需、乡镇能接、部门可放的审批服务权限赋予乡镇（街道），推动县乡联办事项流程再造，让更多事项就近能办、多点可办、一次办好。二是深化做实"三联工程"。"三联工程"指的是"组团联村(社区)、'两委'联格、党员联户",推动市县部门和乡镇(街道)干部、村"两委"干部、党员走乡包村、包网入户。全面推行"点兵点将、一点就办"机制,引导各类治理资源下放,沉下身子、扎根基层、真情服务。三是发挥乡村振兴讲堂综合服务功能。把乡村振兴讲堂与新时代文明实践中心、农村文化礼堂、党群服务中心等系统整合,从思想上引领,充分发挥其在教育培训、产业发展、创业致富、基层治理、管理服务等方面的作用,推动信息集成、政策集成、资源集成、服务集成,打造乡村振兴大花园,建设政府服务供给侧结构性改革的功能集成大平台。四是落实"周二无会日"联系服务制度。县乡两级每周二原则上不安排会议(除上级明确要求参加的会议外),将这一天作为"组团联村日""网格支部活动日""民情沟通日""乡贤议事日""中心工作克难攻坚日""市县领导下访接访日"等,常态化地到挂联村(社区)开展联系服务活动,帮助推动基层组织建设、矛盾纠纷化解、公共设施改善、乡村振兴发展。

(四)构建集成化联动指挥体系,优化行政资源配置

集成化联动指挥体系是"县乡一体、条抓块统"改革实施的重要环节,它包括如下四项任务:一是做强县级社会治理中心。推进"一县两中心"(矛盾纠纷化解调处中心、大联动中心)与多系统一平台(应急救援指挥管理中心、公安情报指挥中心、城市综合管理服务监督指挥中心、"12345"统一政务咨询投诉举报平台系统)等整合集成,构建社会治理事件受理、调度指挥、协同处理、督办反馈的工作闭环,实现综合指挥"一个口子进、一个口子出",强化信访与矛盾纠纷调处化解、社会事件处置、社会风险研判三大功能。二是做优乡镇(街道)综合信息指挥室。乡镇(街道)综合信息指挥室是四平台模块线上线下融合的汇聚点,是党建统领基层治理体系运行架构的指挥中枢,是"县乡一体、条抓块统"改革工作的承接节点。三是健全村社全科网格。通过印发《衢州市进一步加强全科网格建设二十条举措》,从规范健全网格设

置、加强网格党建工作、加强网格队伍建设、实行网格事件报办分离、开展分档分类考核、加强网格指导管理等六个方面来规范网格管理，实现远程指导监管、问题处置跟踪、评价反馈及时，全面提升网格治理能力。四是发挥"两难"三级钉钉群功能。建立县乡村三级钉钉群，群主由县（市、区）委书记、乡镇（街道）书记、村（社区）书记或组团联村（社区）团长担任并上挂一级，重点解决疑难杂症、急难险重"两难"问题，做到基层治理"两难"问题即时提交、即时研判、即时交办、即时反馈，实现"本级事件、本级化解"。

（五）构建数字化平台支撑体系，搭建数据流通桥梁

"县乡一体、条抓块统"改革作为推进县域治理体系和治理能力现代化的集成式改革，与数字化改革的目标取向是一致的，是数字化改革的重要组成部分。数字化平台支撑体系是实现"县乡一体、条抓块统"改革的技术支撑，通过五项任务来完成这一体系的构建：一是绘制整体智治态势一张图。绘制统一发布、多端适配、分级分类、数据同源的市县乡整体智治态势图，实时展示事件协同流转和市、县、乡、村、网格五级联动指挥态势。二是构建县乡一体人事匹配库。完善全市统一的行政权力事项库，构建执法人员库，实行"两库"信息动态管理。建成基层治理"一件事"支撑模块，形成人、事精准匹配的数据链。三是创新"三通"场景化融合应用。依托全省统一"四横四纵"基本架构，推动村情通、邻礼通、政企通"三通"与"浙里办"全体系融合，实现"三通"用户统一登录、无感切换、资源共享。四是提升"基层治理四平台"系统功能。深化迭代"基层治理四平台"系统架构和功能，实现与政务服务 2.0、统一行政处罚办案系统、"互联网＋监管"平台、基层治理"一件事"等业务系统的有机衔接、深度融合、闭环流转，不断叠加、拓展个性化应用场景。五是赋能全域多业务协同。依托一体化智能化公共数据平台，以数字化改革综合集成工具赋能为基础，完善事件预警算法模型，构建自主分析预警系统，提升数据驱动的智慧能力，实现"用

数据说话、用数据决策、用数据管理、用数据创新"。

(六)构建制度化管理考评体系,促进干部担当有为

建立健全乡镇(街道)干部队伍管理考评机制,是推进"县乡一体、条抓块统"改革顺利实施的重要支撑。它包括四项重要任务:一是实行编制人员"双锁定"。锁定部门派驻乡镇(街道)机构的编制数,实行"专编专用"。锁定下沉到"基层治理四平台"、纳入乡镇(街道)统筹管理的派驻干部。二是实行派驻干部"四权管理"。赋予指挥协调权、考核管理权、推荐提名权和反向否决权,根据人员下沉情况,统筹加强乡镇(街道)工作经费、薪酬福利、教育培训等保障。三是实行乡镇(街道)干部"四维考评"。健全完善"岗位赋分＋模块评分＋组团积分＋专班计分"四维考评机制,将乡镇(街道)编内编外人员及部门派驻人员统一纳入考评体系。全市域统一搭建"四维考评"线上运用平台,构建全方位、立体式、透明化考评体系。四是实行县乡"双向考评"。整合精简部门对乡镇(街道)的业务考评,赋予乡镇(街道)对部门的考核评价权,实行双向考评。

三、保障到位,护航改革持续推进

"县乡一体、条抓块统"改革是解决基层治理实际问题的治本之策,是"基层治理四平台"的深化拓展,是打造党建统领整体智治的有力抓手。面对基层治理中存在的体制不顺、条块割裂、权责错位、信息壁垒等问题,衢州以党建为统领,以数字化改革为动力,通过厘清县乡权责界面、统筹县乡资源、推进整体智治,有效破解了权责匹配难、资源下沉难、乡镇统筹难、县乡协同难、活力激发难等问题,提升了基层治理效能,推动了基层治理能力的现代化。为确保县乡权责体系有效落地,衢州采取系列措施不断推动县乡权责体系常态化、优化和固化,使之成为开展基层治理的强大基础。

（一）强化实施运用，推动体系运行常态化

县乡权责体系围绕基层治理事项，对县乡的权力和责任进行了重新界定。在明确改革的具体内容后，必须推动县乡权责体系的实施运用，根据新的权责体系开展工作，并实现体系运行常态化。例如，针对乡镇（街道）"属地管理"事项，严格按照界定的事项和责任开展工作，清单之外无"属地管理"事项，列明之外无其他工作责任，以此形成县乡协作的新常态。通过县乡权责体系运行常态化，归属个人的经验知识发挥空间越小，权力空间就越简明，从而实现将经验知识科学化、权力空间责任化。

（二）定期迭代升级，推动体系不断优化

改革不可能一蹴而就，对县乡权责体系进行不断优化是为了使其更有效和更实用。在实践中，一方面，要向他人学习，通过"走出去"方式，了解最新的先进做法和优秀经验，并结合本地实际进行优化；另一方面，要自我反思，各县（市、区）和乡镇（街道）通过多种渠道向相关群体收集运行过程中存在的问题、建议和经验，通过定期复盘明确优化举措。各地可在总体框架内，根据本地区的具体情况，探索县乡权责体系的"本地化"解决方案，推动改革做深做优。

（三）建立保障制度，推动体系逐步固化

对县乡权责体系进行固化就是不断推进其制度化、程序化和规范化。一是打造全生命周期的闭环管理机制，形成"乡镇上报、部门接单、一线评单、全程跟单"的全链条闭环式办理流程，实现"乡镇发令、部门响应"。二是实施双向考评机制，将"属地管理"责任事项清单运用和"一件事"集成联办纳入部门、乡镇（街道）考核内容，考核结果与评优评先、绩效奖金发放、干部使用、职级晋升等挂钩，进而倒逼提升效能、优化服务。三是建立问责机制，对不依照规定责任开展工作而造成不良影响的党组织和干部进行问责。

第二节 加大民生保障力度,推动社会事业发展

民生问题事关人民切身利益,关系社会和谐稳定、国家长治久安,决定人心向背。党的十八大以来,以习近平同志为核心的党中央坚持以人民为中心的发展思想,回应人民群众对美好生活的向往,把增进人民福祉、促进人的全面发展作为一切工作的出发点和落脚点,从人民群众最关心的利益问题入手,不断提高人民生活水平。

一直以来,衢州坚持以习近平新时代中国特色社会主义思想为指导,深入贯彻中央和省委的决策部署,大力推动教育、医疗、养老民生事业的发展。

一、教育现代化建设不断加快,教育发展水平迅速提升

教育兴则国家兴,教育强则国家强。党的十八大以来,以习近平同志为核心的党中央高度重视教育问题,习近平总书记在不同场合多次强调发展教育的重要意义,为教育强国的建设指明了方向。2020年《中共中央关于制定国民经济和社会发展第十四个五年规划和二〇三五年远景目标的建议》提出要建设高质量教育体系。近年来,衢州高度重视教育发展,积极探索现代化高质量教育实践。2021年,衢州以深化教育改革为动力,启动实施教育现代化建设,教育事业取得了新的发展(见表 6-1)。

表 6-1 教育事业发展情况

指标	数值
教育现代化发展水平监测指数(2020 年、市均值)	74.55
浙江省现代化学校数/所	36
普惠性幼儿园覆盖面/%	96.31

续表

指标	数值
公办幼儿园覆盖面/%	42.13
二级及以上幼儿园（优质园）覆盖面/%	76.12
城乡义务教育共同体覆盖学校数/所	258
2021年校友会中国大学排名（衢州学院）	440
学习成果存入学分银行占比/%	28.8
幼儿园、中小学正高级职称教师数/人	41
一般公共预算教育经费投入增长率/%	4.16

数据来源：衢州市教育局。

（一）推进学前教育普及普惠发展

全力推动各县（市、区）创建全国学前教育普及普惠县，实施学前教育补短提升十大行动。2021年，新增浙江省一级幼儿园4所，一级幼儿园数量达32所。新增优质园22所，优质园在园幼儿占比达76.12%，列全省第6位。开工新建、改扩建公办幼儿园16所、中小学3所，新增学位9990个。公办幼儿园覆盖面达42.13%，比2020年提升5.33%。

（二）推进义务教育优质均衡发展

全力推动各县（市、区）创建全国义务教育优质均衡发展县，江山市通过省级评估。2021年，全面推进教育共同体建设，组建城乡教育共同体60家，实现义务教育共同体全覆盖，其中融合型、共建型模式占93.4%。开展同步课堂2684节，网络研修1637次，专递课堂181节，线下教研676次，完成教师交流3608人次。在2021年省政府民生实事"好差评"活动中教育共同体的好评率达98.8%。

（三）推进职业技工教育高水平融合工作

优化整合资源，推进中职学校和技工院校"双挂牌"，全市2021年新增"双挂牌"学校2所。统筹招生计划，将中职学校和技工学校统一纳入高中段招生平台同步录取。高等教育取得长足发展，衢州学院在"2021年校友会中国大学排名"中位列第440名，较2019年提升206个位次，新增博士创新站19家，成立四省边际研学研究院和四省边际山区共同富裕研究院，新建现代产业学院4个，获批省级工程研究中心1个；衢州职业技术学院针灸推拿专业（国控专业）获教育部批复，"双高建设"取得新的突破，牵头组建四省边际职业培训联盟，联盟成员达31家，年职业培训量达4万人次以上。

（四）构建完善全民终身教育体系

推进社区教育进文化礼堂活动，建成省社区教育进农村文化礼堂学习品牌3个，荣获省级及以上各类社区教育奖项14个。推进终身教育"学分银行"建设，2021年全年存入"学分银行"学习成果数共计65.6万人，占全市常住人口的28.8％。2021年，开展各类培训56.96万人次。

（五）建设高素质专业化教师队伍

2021年，新通过正高级职称教师8人，新晋升二级岗位1人、三级岗位7人；市本级引进高校优秀毕业生94人，硕士研究生学历占比为58％（含博士1人），其中QS世界大学排名前50位的国外优秀高校毕业生3人，国内"双一流"高校优秀毕业生45人，全市非普通高等教育教师队伍首次成功招聘博士研究生，招聘研究生比例首次超过本科生。

（六）把教育作为民生重点予以优先保障和重点投入

确保"两个只增不减"落实到位。2021年，全市一般公共预算教育经费投入62.54亿元，比2020年增长4.16％；普通高等学校生均一般公共预算教育经费22981.01元，比2020年增长4.06％；普通高中生均一般公共预算教育经费28445.92元，比2020年增长9.04％；普通初中生均一般公共预算教育经费22580.88元，比2020年增长7.51％；普通小学生均一般公共预算教育经费17869.18元，比2020年增长5.35％。

二、深入实施健康衢州行动，医疗整体实力显著提升

2021 年 3 月，习近平总书记在福建考察时指出："现代化最重要的指标还是人民健康，这是人民幸福生活的基础。把这件事抓牢，人民至上、生命至上应该是全党全社会必须牢牢树立的一个理念。"①党的十八大以来，以习近平同志为核心的党中央把维护人民健康摆在更加突出的位置，召开全国卫生与健康大会，确立新时代卫生与健康工作方针，印发《"健康中国 2030"规划纲要》，发出建设"健康中国"的号召，明确了建设"健康中国"的大政方针和行动纲领，人民健康状况和基本医疗卫生服务的公平性、可及性持续改善。衢州按照习近平总书记的重要指示和党中央颁布的规划纲要，深入实施健康衢州行动，让衢州的医疗健康水平迈上了新的台阶。

（一）实现基本医保市级统筹

出台《衢州市关于推进基本医疗保险市级统筹工作的实施意见》，实现全市医保基金统收统支，提高医保基金使用绩效和抗风险能力。同步统一全市公务员医疗补助政策，公务员医疗保障待遇更加有力、公平和规范。

（二）提高医疗保障待遇水平

聚焦制度保障的精准性，减轻患者就医负担。将大病保险医疗费用报销比例从 60％提高到 70％，困难群众提高到 80％；特殊门诊诊疗目录和药品范围增加十大类药品及 40 多项检查项目；建立国谈药品"双通道"管理机制，落实全市 14 家零售药店药品配备，更好满足广大参保患者合理的用药需求。

（三）全面推广"惠衢保"商业补充医疗保险

聚焦补齐基本医保制度短板，推出零门槛、低保费、高赔付的"惠

---

① 《为中华民族伟大复兴打下坚实健康基础——习近平总书记关于健康中国重要论述综述》，《人民日报》2021 年 8 月 8 日。

衢保"商业补充医疗保险。2021年参保率为72.90%,2022年参保率达到81.45%。2021年共赔付1.57亿元,赔付率92.54%。2021年,医疗费用在20万元以上、10万—20万元、5万—10万元、1万—5万元的参保群众分别降低了自负费用负担31.16%、24.05%、18.23%、9.18%。

(四)筑牢医疗救助民生底线

将低保、低边、因病致贫人员医疗救助报销比例分别提高到80%、70%、60%。全市困难群众资助参保率和医疗救助政策落实率100%。2021年,全市资助参保人数9.24万人,直接救助规模102.43万人次,基金支出1.73亿元。搭建防贫返贫分析系统和医疗救助人员数据库,确保困难群众精准识别、精准救助。

(五)建立疫情防控费用保障机制

2021年,全市共支付疫苗接种费用4554万元,疫苗结算支出2.09亿元,将新冠病毒核酸检测从80元/次调整为40元/次,混检价格从20元/次调整为10元/次。

(六)出台具有竞争优势的医疗卫生学科人才新政

出台《关于加快建设高水平学科集聚高层次医疗卫生人才的实施意见(试行)》。2021年,全市引进100名硕士研究生及以上高端人才(含博士6名),引进人数较2020年增长46.0%;14人(创新人才3人、医坛新秀11人)入选浙江省"551卫生人才培养工程",比2020年增长27.2%。

通过上述一系列措施,衢州市社会保障体系日臻完善。截至2021年底,全市户籍人口基本医疗保险参保率99.97%,连续2年居全省第1名。连续2年获健康浙江考核优秀等次,2020年度排全省第6名,较2019年有较大进位。国家二级公立医院绩效考核喜获佳绩,在全省参评的56家公立二级综合医院中,衢州有2家医院跻身全省前5名,其中江山市人民医院位列第2名,衢州市第二人民医院位列第

5 名。衢州成为国内第 3 个、省内第 1 个"世界长寿之都"。国家级继续教育项目立项数实现了从 2020 年 2 个到 2021 年 30 个的飞跃式增长;国家自然科学基金面上项目实现零的突破。

三、科学谋划养老保障,养老服务供给有效提升

2020 年开展的第七次全国人口普查主要数据显示,我国 60 岁及以上人口为 2.64 亿人,占 18.70％。预计 2025 年 60 岁及以上人口将突破 3 亿人,2033 年将突破 4 亿人,2053 年将达到 4.87 亿人的峰值。面对我国即将迈入中度老龄化阶段这一情况,习近平总书记高度重视应对人口老龄化的国家战略。2021 年 8 月 24 日,习近平总书记在河北省承德市考察时指出,满足老年人多方面需求,让老年人能有一个幸福美满的晚年,是各级党委和政府的重要责任。[①] 多年来,衢州科学谋划养老保障,有效提升地区养老服务。

（一）全面推行适老化暖心服务,帮助老年人跨过数字鸿沟

设立敬老爱老"文明示范岗",开辟绿色通道提供"全程一站式"服务,配备常用药品及工具,方便老年人办理业务。建立预退休人员档案及缴费明细预审核机制,全面推行社保待遇资格"无感认证",积极推进"全待遇进卡",相关做法经验被部委、省级媒体和刊物报道。

（二）参保扩面工作持续推进,力争法定人员社保全覆盖

切实加强对县（市、区）社保经办机构的指导,要求各地借助全民参保登记库和社保省集中系统,强化宣传,摸清底数,全面推进精准扩面。截至 2021 年末,全市法定户籍人口基本养老保险应参保人数 203.24 万人,实际参保人数 202.66 万人,参保率为 99.71％。养老金待遇稳步提升,认真做好 2021 年养老金调待工作,共为 31.05 万退休

---

① 《贯彻新发展理念弘扬塞罕坝精神　努力完成全年经济社会发展主要目标任务》,《人民日报》2021 年 8 月 26 日。

人员补发金额 2.44 亿元,其中企业退休人员基本养老金人均增资 120.06 元,平均增资幅度 4.82%,实现"十七连涨";2021 年,城乡居民基础养老金最低标准从每人每月 185 元调整为 225 元,全市城乡居民调整养老金共涉及 38.31 万人,补发金额 2.01 亿元,全部按时足额发放到位。

（三）织密织牢保障网,精准发力助老服务

聚焦困难老年人服务保障,按照愿改尽改的原则,完成存量困难老年人家庭适老化改造,同时推进适老化改造"提标扩面",争取将这项工程惠及更多的困难老年人家庭。聚焦失能老年人服务保障,推进康养联合体试点,抓好"真联合""真服务"。以满足失能照护需求为核心,加强康复护理服务供给。聚焦失智老年人服务保障,提升认知障碍照护能力。加大认知障碍照护供给,推进认知障碍照护机构（专区）建设。

（四）聚焦农村养老服务水平提升,继续实施敬老院改造提升工程

聚焦敬老院基础设施薄弱的重点难点,加大资金投入,补齐硬件短板,夯实兜底保障基础。积极发挥县乡敬老院辐射带动作用,整合农村互助养老服务设施等资源,在强化对特困人员兜底保障的基础上,延伸对农村高龄、失能、留守老人的关爱服务。

第三节　落实平安衢州建设,促进社会稳定有序

进入新世纪新阶段,衢州经济发展步入从人均 GDP 2000 美元向 3000 美元过渡的"黄金发展期",改革发展面临前所未有的良好机遇,同时也迎来了矛盾问题的凸显期。随着经济社会的快速转型和利益格局的不断调整,一些深层次的矛盾和问题逐渐显现,最突出的表现

是涉及群众切身利益的矛盾纠纷增多，而传统的以"高压严打"为主要手段和特征的社会管理方式已不能完全适应形势的需要，维护社会稳定亟须新的思路和应对之策。2022年6月，浙江省第十五次党代会提出"高水平推进平安浙江法治浙江建设，打造全过程人民民主实践高地"的新目标。

面对新情况新问题，衢州主动适应，按照"平安浙江"建设的战略谋划，坚持把维护社会稳定作为改革发展的基础工作和保障工程来抓，为经济社会发展、群众安居乐业创造了良好的社会环境。衢州紧紧围绕"保衢州一方平安"总目标，始终坚持"发展是第一要务、稳定是第一责任"的理念，牢牢抓住"经济报表"和"平安报表"两张报表，把平安建设摆到经济、政治、文化、社会和生态文明建设"五位一体"的总体布局中来谋划和推进，不断破解"保一方平安"的时代命题。截至2022年，衢州平安市创建实现"十六连冠"和全域"满堂红"，其中衢州市和柯城区、衢江区、龙游县、常山县、开化县被授予"平安牌"，江山市连续12年获评平安县（市、区）、被授予"平安金鼎"。

一、党建引领，构建平安建设格局

习近平总书记强调："中国特色社会主义最本质的特征是中国共产党领导，中国特色社会主义制度的最大优势是中国共产党领导。"[①]党的领导是推动衢州平安建设的最大动力，是把握正确前进方向的根本保障。

衢州市委、市政府高度重视平安建设工作，坚持把党的领导贯穿平安建设各方面、全过程，拧紧平安建设责任链条，形成"党委政府领导、行业部门齐抓共管、社会广泛参与"的大平安建设格局。市委常委会每季听取平安建设情况汇报，市委书记先后在市委政法工作会议、

---

① 习近平：《中国共产党领导是中国特色社会主义最本质的特征》，《求是》2020年第14期。

全市平安护航建党 100 周年工作推进会、市委政法委全体(扩大)会议上专题部署平安建设工作。将平安建设落实推进情况纳入"七张问题清单"①亮晒整改和市委大督考体系,对平安突出问题整改成效不明显的单位进行"十条军规"负面典型通报。各行业主管部门切实履行主体责任,抓细抓实本领域平安创建工作,平安校园、平安园区、平安医院等系列平安创建质效进一步提升。注重发挥社会协同作用,工青妇群团组织、4282 个社会组织积极参与防控风险、化解纠纷、平安法治宣传等工作,全市 70 余万名志愿者投身平安宣传、"八个一"有礼衢州创建。2021 年 12 月,衢州获评"2017—2020 年度平安中国建设示范市"。

二、压实责任,完善风险管理机制

建设平安衢州是一项长期而艰巨的任务。健全的机制和不断创新是推动平安建设向纵深发展的保障。衢州创新和发展新时代"枫桥经验",迭代完善监测预警、处置反馈、复盘督导的风险管控闭环,各类风险隐患平稳可控。衢州抓早抓小"防风险",通过打好维护政治安全主动战、社会风险防范战、重点人员上行阻击战,打赢了平安护航"建党 100 周年"攻坚战,确保了社会大局持续平安平静。破难攻坚"化积案",建立落实"党建＋治理＋信访"体系,一体推进信访积案"去存量、控增量、防变量"。制定信访积案化解清单,市委常委会每月研究积案化解"销号"工作,建立正向引领、反向倒逼的比拼亮晒机制和领导领衔、揭榜挂帅化解机制,实行日亮晒、周通报、双周排名,每 20 天召开一次信访联席会议,压茬推进积案攻坚化解。

针对重点领域突出信访问题,开展信访矛盾集中村帮扶整治,制

①　"七张问题清单"是基于巡视、审计、督查、群众信访等方面问题,运用数字化改革理念、方式、手段赋能全流程精密智控、全要素综合分析、全方位党建统领的综合应用,是浙江省委抓党建带全局的重要抓手和加强政治建设的具体举措。

定出台"房地产 20 条"、土地征收风险防范处置工作指引等文件，相关领域信访问题明显减少。靶向治理"去顽疾"，聚焦影响平安稳定和群众获得感、幸福感、安全感的突出问题，深入开展安全生产、道路交通安全、消防安全、电信网络新型违法犯罪等四大专项整治行动，全力"遏重大""控较大"。

（一）完善平安综治维稳责任落实机制

强化平安综治领导责任制落实，制定出台实施细则，纳入党委、政府年度综合考核与领导干部实绩评价。强化考核评价指标分解落实，制定县（市、区）、市级部门和乡镇（街道）平安建设考核办法，逐条逐项分解落实到各级各部门。强化"一把手"负总责的组织体系，落实领导离任平安工作交接制度，建立完善党政"一把手"亲自抓、负总责，分管领导具体抓、促落实，其他班子成员分工把口、各负其责的工作机制。强化严格的全程问责、失职追责，平安稳定工作落实情况纳入"为官不为"整治和纪委纪律监督、检察院法律监督，对工作不重视、责任不落实、保障不到位造成不稳定事件、影响平安衢州建设的，严肃追究相关责任。

（二）完善行业安全监管常态落实机制

按照"监管对象全覆盖、监管事项全到位"要求，督促推动各行业监管部门完善监管制度、方法和手段，推进行业安全监管工作落实落地。行业监管部门要落实依法监管职责，健全完善监管对象目录清单和监管事项标准清单，巩固完善实名制登记、二维码管理、旅客身份核查、视频监控等科技支撑措施，有序组织开展专项治理，保障常态监管到位；加大依法管理力度，通过停业整顿、经济处罚、依法取缔、法律追究等措施，倒逼主体落实责任，促进主体活动自觉符合法律规定和平安建设工作要求。各乡镇（街道）要落实属地责任，充分利用"四个平台"（综治工作、市场监管、综合执法、便民服务）和全科网格，切实加强行业安全监管工作。

（三）完善暗访检查交办整改机制

建立完善市、县（市、区）领导带队明察暗访、平安办集中检查暗访和职能部门专项检查暗访相结合的平安建设常态化暗访检查制度。市级职能部门在常态督查巡查基础上，每年至少开展 2 次集中暗访，各行业安全监管职能部门要结合平安月报每月向同级平安办报告行业安全监管情况。完善落实问题隐患分级通报、属地条线"双交办"和县（市、区）政府分管领导签字认可等制度，落实整改责任，提升整改质量。建立问题隐患整改回访制度，下一轮暗访检查要对上一轮暗访中发现的问题进行抽查，确保隐患整改到位，防止问题反复反弹。强化暗访检查成果运用，市平安办集中暗访检查结果可作为对县（市、区）、乡镇（街道）平安建设扣分或加分的依据。

（四）完善治安突出问题整治机制

完善基层社会治安形势定期研判制度，乡镇（街道）至少每月开展一次分析研判，查找辖区存在的社会治安突出问题。市、县（市、区）两级综治委（办）要强化社会治安评估大数据整合应用，依托大数据锁定社会治安突出问题。建立分级分类挂牌整治制度，一般治安问题由乡镇（街道）动态整治或县（市、区）公安部门挂牌整治；治安问题突出、群众反映强烈的，由县（市、区）综治办挂牌整治；治安问题特别突出、群众报警居高不下、对全市平安创建造成较大影响的，由市综治办挂牌整治。公安部门要加强业务指导，提出针对性的整治措施；综治部门要加强协调督促，将社会治安突出问题整治纳入综治领导责任制和目标管理责任制考核。

（五）完善社会动员群防群治机制

发展充实群防群治队伍力量，加强平安志愿者队伍、专兼职网格员队伍、专兼职巡防队伍、专职保安力量四支队伍建设，由市、县（市、区）综治办牵头，公安、团委等部门配合，大力发动招募平安志愿者；由县（市、区）综治办牵头，乡镇（街道）负责，推动各建制村（社区）建立专兼职巡防队伍；由各级公安部门牵头，加强企事业单位内部保安力量建设；由民政部门牵头，积极培育发展各类社会组织。健全完善重要敏感节点维稳安保工作社会动员机制，由市、县（市、区）平安办牵头，组织、机关工委、团委、公安、民政等部门分头负责，组织发动群防群治队伍积极参与社会面治安巡防、矛盾纠纷排查化解、重点目标安全防范、重点人员管控、特殊人群服务管理等工作。强化经费保障，健全落实社会治理信息采集上报"以奖代补"和见义勇为、举报暴力恐怖犯罪线索、反映重大案件线索奖励办法等激励机制。

（六）完善视频监控联网应用科技支撑机制

进一步深化"雪亮工程"建设运用，以"雪亮工程"建设为龙头，健全完善大联动业务协同、综治中心指挥、业务统一支撑等平台，完善智慧云眼、公安警眼、大数据分析、云搜索等系统，为综治工作规范化及部门联动、社会协同开展社会治安综合治理和平安创建工作提供强大支撑，打造以市县两级大联动指挥中心为"指挥大脑"、乡镇（街道）"四个平台"和综合治理指挥室为枢纽、村（社区）全科网格为基础、"平安通"等智慧载体为纽带的基层治理工作体系，形成上下联通、条块结合、统一指挥、协同处理的基层治理模式和事件快速处理机制。同时，积极推进"雪亮工程"的"城市大脑"功能拓展运用，加强部门需求应用建设，拓展视频监控图像信息在城乡社会治理、智能交通、路灯控制系统、市容市政设施管理、环境监测、园林绿化、灾情预警等领域的运用，为市民群众提供更加优质高效的服务，为"产城人文"融合发展提供技术支撑。

（七）完善矛盾纠纷排查化解机制

坚持抓早、抓小、抓苗头，建立完善基层矛盾纠纷滚动排查机制，充分发挥基层组织和党员、网格员、治调干部等的作用，全面排查各类矛盾纠纷，并录入浙江省平安建设信息系统，逐级流转交办化解，确保矛盾纠纷早发现、早解决。健全落实县乡每月、市每季召开矛盾纠纷排查化解工作例会制度和重大矛盾纠纷乡县市分级挂牌化解制度，按照《浙江省矛盾纠纷排查调处工作规程（试行）》，将重大矛盾纠纷化解责任落实到各级各有关部门牵头处理，综治部门抓好督查考核。建立健全党政领导、综治协调、部门参与、社会联动的矛盾纠纷化解工作格局，推进人民调解、行政调解、司法调解等协调联动，完善多元化矛盾纠纷化解体系，有效管控各类社会风险。

（八）完善特殊人群服务管理机制

强化职能部门管理责任，切实加强社区矫正人员、归正人员、易肇事肇祸精神障碍患者、扬言报复社会人员、涉邪人员、涉毒人员、不良行为青少年等特殊人群的服务管理，摸清人员底数，建好工作档案，落实服务管理的各项措施。加强社区矫正信息指挥平台和管理人员队伍建设，提高管控能力，防止出现脱管、漏管。建立完善政府、社会、家庭一体化的归正人员帮教体系，抓好帮教基地建设，做好安置就业等帮教服务，降低重新犯罪率。加强精神卫生防治体系建设，建立完善对易肇事肇祸精神障碍患者的监测、预警、救治、救助、应急处置等服务管理机制，落实监护责任"以奖代补"、患者免费服药、残疾人帮扶等政策措施，推进强制医疗场所和康复庇护机构建设。及时掌握研判扬言报复社会人员、涉邪人员、吸毒人员等重点人员的动态信息，对有极端暴力倾向、可能造成现实危害和重大影响的，要落实专门人员和措施，实行严密管控。完善未成年人监护、涉诉未成年人司法保护制度，加强对有不良行为青少年群体的教育、帮扶、矫治、管理，有效预防青少年违法犯罪。

三、数字赋能，升级社会治理体系

社会治理体制创新的关键，是构建新型社会治理体系，促进社会治理能力的现代化。2019 年 10 月，党的十九届四中全会提出数据是驱动经济社会发展和企业生产运营的新型生产要素。2020 年 4 月，中共中央、国务院发布《关于构建更加完善的要素市场化配置体制机制的意见》，将数据列为新型生产要素。在数据要素化的大背景下，数据在政府治理中的作用从"隐身"走向"前台"，政府数据资产化有助于更好地挖掘和激活政府数据潜在的经济、社会价值。衢州把握数字化改革机遇，积极探索社会治理的衢州样板。

（一）数字赋能，集成化综合治理

在全省率先探索将县级矛盾纠纷调处化解中心迭代升级为县级社会治理中心，强化矛盾纠纷调处化解、社会治理事件处置、社会风险分析研判功能，拓展重大应急管理、监管执法协调指挥、基层社会治理业务指导功能，全力打造集"六大功能"于一体的平安法治建设综合体。做优"基层治理四平台"，全省率先迭代四平台模块，全面涵盖乡镇业务，提升乡镇（街道）行政执行、为民服务、议事协商、应急管理、平安建设、促进共富等六大能力。做实村社全科网格，优化网格布局设置，调整建强网格"一长三员"队伍，实行网格事件报办分离和捆绑考核，推广网格"一讲三评""三会五令""十二分制""龙游通＋全民网格"等一批行之有效的经验做法，网格事件质量规范率保持在90％以上。聚焦基层治理痛点难点问题，以"一件事"集成联办切入，谋深做实应用场景，提升基层治理实战实效。2021年，谋划多跨场景应用62个，其中"掌上指挥"有效赋能基层治理难题的高效协调处置；处置因短时强降雨导致多人被困等"两难"事件1980余件，17个社会治理"一件事"累计办件量超4.5万件。市域社会治理现代化试点有序推进，未出现负面清单事项，"县乡一体、条抓块统"和"打造一座最有礼的城市"成功认领政治引领、德治教化两个中央政法委试点项目。

（二）数字引领，完善应急预案体系

2021年，完成衢州市突发事件总体应急预案和6个县（市、区）总体应急预案修编工作，涉及市级25个部门、50个专项应急预案。规范工作机制，推进市公安、应急、消防三方应急联动响应工作机制，每季度应急、公安、消防联合开展市县乡村四级应急联动响应演练。提升处置能力,培育完成3支省级社会应急力量、12支乡镇综合救援队伍,新组建6支地面航空应急救援队,完成7个直升机临时起降点建设任务。深化精准治理,实行"领导小组＋推进办＋工作小组"模式,统筹推进消防、道路运输、危险化学品、建设施工、工矿、旅游、城市运行等七大重点领域安全生产综合治理,全面完成2021年度311项"遏重大"攻坚任务。

(三)数字创新,加强疫情防控机制

推动"141"体系与疫情防控"六大机制"衔接贯通,建立健全快响激活、平战转换机制,县级社会治理中心、乡镇(街道)"四个平台"、村社网格三个层级基层防控力量有机协同、实战运行,全链条闭环处置,多次组织应急实战演练,有效抵御多轮疫情输入风险,切实保障人民群众生命安全和身体健康。

第七章 筑牢生态文明之基,
走好绿色发展之路

在 2003 年 7 月召开的浙江省委十一届四次全会上,时任省委书记习近平提出引领浙江新发展的"八八战略",其中之一是"进一步发挥浙江的生态优势,创建生态省,打造'绿色浙江'"。衢州地处钱塘江源头,森林覆盖率高达 71.5％,拥有全省唯一的世界自然遗产江郎山、5 个国家森林公园和 2 个国家级自然保护区,是浙江省重要的生态屏障,是打造"绿色浙江"的重要一环。"八八战略"提出以来,衢州始终践行"绿水青山就是金山银山"理念,一以贯之抓生态环境治理,一以贯之走科学发展道路,探索欠发达地区跨越式发展的新路子,努力把生态优势转化为发展优势,打造"诗画浙江"中的"衢州有礼"诗画风光带,将衢州建设成为浙江的大花园。2022 年 7 月,衢州市委八届二次全会召开,提出锚定建设四省边际中心城市战略定位,全力打造四省边际十个"桥头堡",其中之一就是打造四省边际绿色生态桥头堡。

第一节 打好生态治理组合拳,确立绿色发展底图

衢州是浙江省重要的生态屏障,但同时又是重化工基地,重化工比重曾高达 69％。在这样的地理环境和产业结构下,如何实现省委、省政府提出的既要保护好全省的生态屏障,又要与全省同步提前实现现代化的目标,是衢州需要解决的发展问题。在浙江工作期间,习近

平同志深刻指出："我省'七山一水两分田'，许多地方'绿水迤迤去，青山相向开'，拥有良好的生态优势。如果能够把这些生态环境优势转化为生态农业、生态工业、生态旅游等生态经济的优势，那么绿水青山也就变成了金山银山。"①衢州结合自身资源禀赋、经济发展特征和产业特点，积极推进循环型生产方式和绿色消费模式，明确以生态文明建设为中心的发展思路。大力发展生态经济，要把握好加快经济发展与保护生态环境的关系，全面推进生态农业、生态工业、生态旅游、生态环境和生态文化建设。经过长时期的积极探索，衢州走出了一条具有特色的山区生态经济发展转型之路。

一、加强生态市建设，促进人与自然和谐发展

把"生态"作为立市之本，是一种全新的发展观念。所谓"生态立市"，就是以生态价值为支撑点，拓展经济社会发展的更大领域和空间，谋划城市化和优势产业发展的新布局。衢州在 2002 年被国家环保总局列入国家级生态示范区建设试点地区，并于 2003 年初启动生态市建设，提出了生态市建设"三步走"的战略目标。经过多年努力，衢州市及所辖 6 个县（市、区）均通过了国家级生态示范区验收，实现了衢州生态"一片绿"。生态经济的崛起也有力推动了衢州社会经济快速发展。

2003 年以来，衢州"生态立市"工作全面铺开。衢州在全省率先通过生态市建设规划纲要论证，并出台《关于加快推进生态市建设的意见》《关于生态市建设的若干政策意见》《关于造纸、水泥、化工等产业发展指导意见和工业空间布局指导意见》《关于在市区开展农村垃圾集中收集处理和环境卫生整治工作的意见》《关于全面淘汰落后水泥生产能力的通知》《衢州市乌溪江饮用水源保护区管理暂行办法》等

---

① 习近平：《之江新语》，浙江人民出版社 2007 年版，第 153 页。

一系列政策文件，建立健全生态制度体系。在建设生态城镇方面，营造良好的人居环境，很好地保护了钱江源。开化在全国率先实施"生态立县"战略，率先通过生态县建设总体规划专家组论证，为全省各县（市、区）创建生态县提供了宝贵经验。此外，衢州还积极实施生态示范乡镇、绿色企业、绿色社区等"六个一批"工程，加快发展生态农业、生态工业和生态旅游。这些举措为生态经济的发展奠定了基础。

二、发展生态农业，推进农业产业化

衢州是全国九大生态良好地区之一，在发展有特色的生态农业和区域特色经济方面具有独特优势。2003年以来，衢州努力践行"绿水青山就是金山银山"理念，打造生态屏障，探索全区域、全产业链生态循环发展的样本。衢州围绕特色生态做文章，发展生态农业，建设全省最大的绿色农产品生产加工基地，划定钱江源、乌溪江、须江、灵山江、铜山源五大流域绿色农产品保护区。按照"人无我有，打特色牌；人有我优，打绿色牌；人优我多，打规模牌"的思路，大力开展农产品基地建设和品牌创建，打造了许多具有地方特色的知名农产品，如江山蜂蜜、开化龙顶茶、常山胡柚等。

衢州在发展特色农业过程中，从四个方面进行发力。一是大力发展效益农业、生态农业、有机农业、创汇农业等现代农业，形成品牌；借助科技力量，推广新品种和新技术，提高单位种植（养殖）面积产量和农业净产出；进一步完善农产品质量技术标准，对农产品的生产、储运、流通、消费实行全程监控；革新经营模式，推进集约化、规模化、产业化经营，培育农业龙头企业，以工业的理念来经营农业；构建产销阵地，实施名牌战略。二是以特色主导产业带动区域经济发展，根据不同的气候条件，有选择地发展有市场前景、有经济效益的特色种植业。培育特色主导产业和特色农产品，加快建设一批绿色食品和有机食品生产基地，大力推进生态农业示范县建设。三是对农副产品进行深加工，提高农业产业化、规模化水平，提升农产品附加值。如山区毛竹丰富，可大力发展深加工、精加工，使之产生倍增效应。四是建立农村扶持、保障、服务体系，关心弱势群体，实施下乡移民，办好农村社保，增加农村小额信贷，扩大支农的覆盖面，进一步完善农技"110"、农民素质培训等服务体系。

衢州在发展生态农业的过程中，坚持以养殖排泄物资源化利用为纽带，促进种植业和畜牧业协同发展，大力推行绿色优质农产品。通过探索推广畜禽排泄物综合利用的"开启模式"、病死动物无害化处理的"集美模式"、柑橘"三疏二改一补"等成熟模式，推广农作物测土配方施肥、增施有机肥、病虫害绿色防控等清洁生产方式，持续推行农业标准化生产，全市农业标准化实施率达64％。以家庭农场等新型农业主体为重点，紧抓绿色优质农产品培育认证，开化县建成国家有机产品认证示范区。

2015年，全国现代生态循环农业现场交流会在衢州成功召开，生态循环农业的"衢州模式"得到农业部部长的高度肯定。目前，三衢味、衢州椪柑、开化龙顶、常山胡柚、龙游发糕、江山绿牡丹等农产品区域公用品牌培育工作取得了阶段性成效，品牌效应初步显现。全市现代生态循环农业发展体系基本形成，衢州正在努力创建全国绿色有机农产品的示范基地、现代生态循环农业模式创新的示范区。

三、推进生态工业，实现企业绿色发展

"欠发达地区只有以科学发展观为统领，贯彻落实好环保优先政策，走科技先导型、资源节约型、环境友好型的发展之路，才能实现由'环境换取增长'向'环境优化增长'的转变，由经济发展与环境保护的'两难'向两者协调发展的'双赢'的转变。"[1]衢州以绿色发展为主旨，

---

① 习近平：《之江新语》，浙江人民出版社2007年版，第223页。

布局美丽经济幸福产业、数字经济智慧产业,努力把生态优势转化为经济优势,经济社会迈出了高质量发展的步伐。

重化工行业在衢州工业中占比近七成,衢州的绿色发展,首先看重化工行业。从 2003 年开始,衢州通过工业园区循环改造,发展循环经济,撬动重化工业"变绿",上游企业的"废料"成为下游企业的原料。衢州的氟硅钴新材料、电子化学品、锂电新材料等产业,以及城市固废协同处理等方面,通过循环改造,均实现物料闭路循环、副产物交换利用、能源梯级利用、固废和污水循环利用。在绿色生态产业链网下,衢州高新园区内循环经济产业链关联度达 94%,工业固体废物综合利用率达 99%,工业用水重复循环利用率达 96%。

衢州坚持加快制造业基地建设和创建生态市相结合,运用高新技术和先进适用技术改造提升传统产业,大力发展循环经济。牢固确立新型工业化的理念,调整产业结构和能源结构,构建绿色的经济体系,也就是低投入、高产出、低消耗、少排放、能循环、可持续的国民经济体系。在招商引资时注重保护生态环境,突出提高引资质量,多引进低能耗、节能型的项目,多引进无污染、环保型的项目,多引进高科技、集约型的项目;积极发展生态工业,以循环经济理论、生态经济学原理为指导,走资源可再生道路,变害为利、变废为宝,着力构建"企业清洁生产、园区循环配套、社会倡导节约"的环保新格局。

四、发挥生态优势,打造特色旅游休闲地

发挥衢州生态优势,保护是前提,转化是关键。衢州有着丰富的文化和旅游资源,衢州将山水与人文相融,让旅游充满文化内涵。2005 年,衢州市委、市政府提出以"旅游业为龙头,带动三产加快发展"。全市重点挖掘文化内涵,培育特色产品,打响衢州整体品牌,着力做好"休闲衢州、观光四省"文章,努力把衢州培育成为华东新兴旅游城市和四省边际旅游集散中心。2010 年,衢州市委、市政府提出加

快推进经济生态化、生态经济化,努力把生态优势转变为发展优势,让生态成为衢州最亮丽的名片。2015年,衢州市委、市政府提出大力发展美丽经济,实现生态保护和经济发展互促共赢。2016年,衢州牢牢抓住消费升级时代和高铁时代的机遇,着力发展壮大幸福产业,开展"全球免费游衢州"活动,积极创建国家全域旅游示范区。2018年,衢州市委、市政府提出把美丽经济幸福产业培育成为发展新引擎,重点发展生态旅游、医疗旅游、乡村休闲旅游、红色旅游、文化旅游、体育旅游、高端民宿,使各种旅游形态互为支撑、互为补充;以建设特色小镇为契机、以项目建设为抓手,全力打造开化根缘小镇、常山赏石小镇、龙游红木小镇、森林运动小镇。围绕"三圣"(针圣故里、南孔圣地、围棋圣地)核心资源,重点发展以高端医疗、康养文化休闲为龙头的先导行业,引导康养产业和颐养休闲产业向上下游延伸集聚,打造"医养"衢州、"心养"衢州、"体养"衢州、"食养"衢州。

在发展生态旅游方面,衢州充分结合自身特色,因地制宜,打造具有衢州特色的旅游休闲地。衢州南宗孔氏家庙是全国仅有的两座孔氏家庙之一,衢州还有知名度很高的江郎山、烂柯山、龙游石窟等景区。而随着生活水平的提高,人们的绿色消费观越来越强,开始追求更高质量的生存环境和生活品质。这些都是衢州发展生态旅游业的有利条件。衢州在保护的前提下进行开发,从本区域的个性、特色出发,充分利用自然山水、地质溶洞、原始森林、人文历史等资源,推出一批生态旅游产品,使生态旅游成为衢州的重要品牌。同时,积极挖掘文化内涵,打响"两子文化"品牌,实现山水与人文相融、古老与现代交织,让旅游充满文化内涵,使文化体现衢州特色,将文化和旅游资源优势转变为旅游产业优势和经济优势。

五、打造生态文化,人人参与文明城市创建

"生态环境优良"是创建全国文明城市的重要标准之一。衢州自

2017 年开始创建全国文明城市，经过几年的努力，在城市基础设施建设、城市管理、城乡环境面貌、城市品牌文化塑造等方面取得了显著成效，人民群众的获得感、幸福感、归属感不断增强。纵深推进"五水共治"和垃圾分类是衢州治理生态环境的重要一环，人人自觉参与"五水共治"和垃圾分类是衢州打造生态文化的重要体现。

人人参与"五水共治"的主要内容有：注重家庭节约用水；开展垃圾分类；参与治水志愿服务活动；收看治水新闻；不在河道、池塘内洗衣服和拖把；不向河道排放污水和乱扔垃圾；不破坏各类治水设施；不在河道沿岸乱搭乱建；不过度开垦、不过量使用农药化肥；不用电瓶（网）捕鱼。可以说，每个人都是"五水共治"的守护者和倡议者。经过全市人民的努力，全市出境水稳定达到Ⅱ类水质以上，先后创建"美丽河湖"34 条，并实现由"美丽河湖"向"幸福河湖"的升级，城乡处处呈现出"水清、岸绿、景美"的喜人景象。农村生态环境得到显著改善，在全省率先实现全域河流告别劣Ⅴ类。作为钱塘江源头重要的水资源、水生态屏障的衢州，全市 9 个"水十条"国家考核断面、13 个省控断面、21 个市控以上地表水断面、5 个跨行政区域交接断面、7 个集中式饮用水水源水质达标率始终保持在 100％。衢州兑现了向省委、省政府和全省人民许下的"钱江源头筑屏障，一江清水送下游"的庄严承诺。2021 年 5 月 18 日，在全省建设新时代美丽浙江暨中央生态环境保护督察整改推进大会上，衢州荣获"大禹鼎"金鼎。

垃圾分类是一件民生大事，是衢州建设美丽大花园的迫切需要。群众参与垃圾分类体现在三个方面：从源头上减量，尽量使用绿色包装和减量包装，减少一次性用品使用；提升分类质量，在处理生活垃圾时，提高分类准确度，养成分类投放习惯；自觉收集可回收垃圾，使资源得以循环利用。近年来，衢州不断推进垃圾分类标准化、规范化建设。通过入户宣传、发放宣传手册、开展宣讲座谈等方式，在小区、机关单位、商场、学校、酒店、景点等地点全面开展宣传，并在微信、短视频等线上平台宣传，让垃圾分类的理念真正深入人心，成为社会共识。

第二节 践行绿色发展理念,打造新时代美丽大花园

2010 年,衢州建成全省首个全市域国家生态示范区。2013 年,衢州获批首个国家休闲区创建试点城市。2014 年,衢州启动国家东部公园建设,钱江源国家公园成为长三角地区唯一的国家公园。2017 年,衢州成为国家"绿水青山就是金山银山"实践示范区和绿色金融改革创新试验区,并完成了钱江源国家公园的总体建设。2018 年,衢州市加快建设城市大花园和乡村大花园,着力打造大花园的核心景区。如今,"建设大花园"是浙江省委、省政府深化"八八战略"、践行"绿水青山就是金山银山"理念的重大举措,更是衢州未来发展的总战略、总方向和总目标。衢州突出"大花园＋大平台""目的地＋集散地"的功能定位,努力打造"诗画浙江"中国最佳旅游目的地和世界一流生态旅游目的地,生态建设走在全省前列。

一、跨区域合作共建钱江源国家公园

2015 年 1 月 20 日,国家发改委等 13 部委联合印发《建立国家公园体制试点方案》,将钱江源列入 10 个国家公园体制试点区之一。党的十九大报告提出:"构建国土空间开发保护制度,完善主体功能区配套政策,建立以国家公园为主体的自然保护地体系。"

国家公园,指的是国家为保护典型生态系统的完整性,为生态旅游、科学研究和环境教育提供场所,而划定的需要特殊保护、管理和利用的自然区域。钱江源国家公园体制试点区地处开化县,面积约 252 平方公里,涵盖开化县苏庄、长虹、何田、齐溪等 4 个乡镇,共 19 个建制村、72 个自然村。从保护生态系统原真性和完整性的角度来说,钱江源的协同保育区包括江西、安徽省的 3 个县 7 个村,面积约 100 平

方公里。因此,建设钱江源国家公园的特色意义在于,它是一次跨行政区域的合作。

围绕增强钱江源生态系统的联通性、协调性、完整性,推动钱江源国家公园的整体保护、系统修复,开化县在省市的支持下,积极探索、勇于尝试,建立了浙皖赣三省合作的两条保护路径。在保护地层面,同安徽休宁县岭南省级自然保护区、江西省婺源森林鸟类国家级自然保护区(部分区域)在护林联防的基础上开展生态保护、科研宣教、护林联防、社区共建等方面的合作。在国家发改委的指导下展开省级层面的合作,共同推动钱江源国家公园生态系统的完整性保护,进一步在数据共享、统一规划、共同执法等方面探索跨行政区管理的有效途径。2017 年 11 月,钱江源国家公园管委会和安徽、江西两省,休宁县、婺源县、德兴市三镇七村,以及两个自然保护区签订《钱江源国家公园毗连区跨区域生态保护与可持续发展合作协议》,跨省合作取得实质性进展。

在保护的基础上,衢州努力将"绿水青山"转化为"金山银山"。以钱江源国家公园创建为各区块特色平台引爆点,全面完成钱江源国家公园体制试点任务,成为全国首批国家公园,建成投用钱江源国家公园科普馆等一批标志性项目,打造提升百里金溪画廊、"江南小布达拉宫"等一批生态旅游网红景点,将开化全域建设成中国东部生态旅游大本营。

二、成为"绿水青山就是金山银山"实践示范区

2017 年,衢州成为全国首批"绿水青山就是金山银山"实践创新基地、浙江(衢州)"绿水青山就是金山银山"实践示范区和浙江省大花园核心区,这是对衢州多年来坚定不移走绿色发展之路的肯定。衢州始终深入践行"绿水青山就是金山银山"理念,围绕培育花园式环境、花园式产业、花园式治理,打造自然的花园、成长的花园、心灵的花园,

发展生态经济，建设生态文明，推动实现生态美、文化美、生活美，探索出一条具有衢州特色的绿色发展新路子，交出了合格的生态报表、经济报表和改革报表。

2018年，衢州历时一年编制的浙江（衢州）"绿水青山就是金山银山"实践示范区建设规划通过专家评审，成为全国首个通过评审的"绿水青山就是金山银山"实践规划。规划首创"绿水青山就是金山银山"指数用以评测"绿水青山就是金山银山"实践示范区建设的进展，构建"绿水青山"向"金山银山"的转化平台，不断打通转换路径。衢州通过先行先试，系统构建"绿水青山就是金山银山"实践的理论体系、评价体系、任务体系、实施体系和支撑体系，努力为全国其他地区提供更多的"绿水青山就是金山银山"实践经验。

衢州深入践行"绿水青山就是金山银山"理念，以"八八战略"为总纲，围绕"两个高水平"奋斗目标和总体部署，立足衢州实践，从四个方面努力打造"绿水青山就是金山银山"实践示范区。一是全面建设"五美五区"。以生态美建设，打造浙江生态屏障保护区；以生产美建设，打造"绿水青山"向"金山银山"转化的样板区；以人文美建设，打造绿色风尚示范区；以制度美建设，打造全国生态文明改革综合实验区；以生活美建设，打造幸福民生体验区。二是更高标准建设绿水青山，打造花园式环境。构筑美丽空间形态，优化生产、生活、生态空间布局；建立最高的污染排放标准，打造全省最优水环境，让天更蓝、水更清、空气更清新。全面推进美丽载体建设，让衢州的水成画、山成景、处处成花园。三是更高站位打通转化通道，打造花园式产业。打造山海协作工程升级版，加快推进杭衢高铁建设，汇聚"绿水青山"向"金山银山"转化的资源要素；建设幸福产业、新能源产业、航空物流产业三大平台，大力发展美丽经济幸福产业和数字经济智慧产业，并以"一县一平台一特色"为联动，以全域特色小镇为节点，以美丽乡村特色精品村、景区村等为要素，打造"绿水青山"向"金山银山"转化的核心平台；积极探索生态产品价值实现机制，创新"绿水青山"向"金山银山"转化的价值实现路径。四是更高水准建设幸福家园，打造花园式治理。着力打造中国基层治理最优城市、中国营商环境最优城市和南孔圣地"最有礼"城，使"南孔圣地·衢州有礼"成为城市发展的独特品牌、核心魅力和不竭源泉。

衢州生态文明建设持续走在全省前列，是"美丽浙江"考核优秀市。水环境跻身全国水质考核"红榜"，在 338 个地级市国家地表水考核断面水环境质量排名中居第 21 位；连续 7 年夺得"大禹鼎"，成为首批获得金鼎的 3 个地市之一。空气质量位列全国第一方阵，市区PM2.5 浓度均值24 微克/米^{3}再创新低。2021 年，衢州市被生态环境部命名为国家生态文明建设示范区，成为全省同时收获国家生态文明建设示范区和"绿水青山就是金山银山"实践创新基地两块金字招牌的两个地市之一。在 2020 年、2021 年的浙江省生态环境公众满意度调查中，衢州均排第 1 名。

三、建设"衢州有礼"诗画风光带

衢州牢记重要嘱托，一手抓生态保护，一手抓转型升级，努力把生态优势转化为经济优势，把生态资本转化为发展资本，让绿色成为发展过程中最耀眼、最动人的底色。衢州高标准推进"衢州有礼"诗画风光带建设，跨区域共建浙皖闽赣（衢黄南饶）"联盟花园"，深入发展生态旅游，加快推进"绿水青山"向"金山银山"转化。

（一）高标准推进"衢州有礼"诗画风光带建设

"衢州有礼"诗画风光带建设是一项系统工程，是建设美丽大花园、实施乡村振兴、推进全域旅游的龙头工程。建好诗画风光带，要找准定位、志在一流，坚持因地制宜，依托资源禀赋，打造特色景观、特色风情、特色产业，实现特色发展；坚持山水为基，做好添绿、增色、造景文章，实现绿色发展；坚持人文为魂，挖掘文化底蕴、强化创意体验、彰显乡村气质，实现内涵式发展；坚持业态打通，推进农旅文一体化发展，实现融合发展；坚持富民惠民，增加农民收入，改善生态环境，实现人本发展。要科学规划、精心策划，坚持科学规划布局、做足策划功夫，以创新思维、旅游视角、未来眼光整体推进城市、乡村再造和有机更新，加快培育带动性强的"月亮型"优质大项目，引领周边各具特色的"星星型"小项目，通过放大城乡资源要素叠加效应，高质量统筹推进风光带建设。

从绿水青山到美丽风景，再到美丽经济，这是一条可持续发展之路。2019年，衢州启动"Y"字形的"衢州有礼"诗画风光带建设，将"一江两港三溪"（衢江、常山港、江山港、马金溪、石梁溪、庙源溪）280公里长、覆盖1000平方公里的区域"串珠成链"，精心打造成为乡村振兴示范带、未来社区先行地、幸福产业大平台和改革创新试验区。诗画风光带建设启动至今，围绕发展美丽经济幸福产业，在旅游、文化、运动、健康、养生、绿色农业等方面已有一批重大项目落地。2020年4月，衢州美丽沿江公路全线通车，串起"衢州有礼"诗画风光带。这是衢州美丽经济幸福产业发展的主平台，囊括了总投资预计超过千亿元的百余个绿色项目。衢州还发布了2020年"全球免费游衢州"新政策，100余个景区纳入"全球免费游衢州"活动范围，美丽风景吸引了五湖四海的游客。

2020年11月，衢州出台了《"衢州有礼"诗画风光带管控导则》。在"3752"党建治理大花园的背景下，《"衢州有礼"诗画风光带管控导则》以凸显"自然味、农业味、乡村味"，实现人与自然和谐共生为理念，在重点传达《"衢州有礼"诗画风光带概念规划》相关内容的同时，对国土空间准入、风貌管控引导等方面作出了明确的要求。《"衢州有礼"诗画风光带管控导则》主要包括两大部分内容：一是管国土空间准入，诗画风光带的整体建设实行五项负面清单管理，其中重点区域从保护与利用两个角度出发叠加"七线"管控，形成生态保护红线区、自然风貌管控区、主要河道管控区等三类保护，乡镇特色功能区、农村产业融合发展区、重点整治提升区、战略留白区等四类发展的国土空间准入要求；二是管沿线风貌引导，围绕打造美丽乡村大花园核心区建设目标，从建筑布局、建筑风貌、建筑体量、建筑色彩、建筑材质、驳岸形式、沿江绿带等十个方面提出风貌景观引导要求。

在《"衢州有礼"诗画风光带概念规划》中，风貌景观引导被概括为"十要十不要"：建筑布局要错落不要单一、建筑体量要低矮不要高大、建筑风貌要特色不要怪异、建筑色彩要素雅不要艳俗、建筑材质要绿色不要生硬、驳岸形式要生态不要硬质、沿江绿化要透景不要挡景、绿廊基底要自然不要造作、绿道色彩要融合不要张扬、驿站建设要实用不要浪费。在国土空间准入上，统筹安排风光带资源保护与开发。在风貌景观引导上，凸显乡村特色风貌的营造与管控，避免过度城市化，如：鼓励沿岸慢行道采用深灰、深蓝、墨绿等色调，与沿岸环境相协调；建筑风貌要体现浙西乡村特色等。

（二）跨区域共建浙皖闽赣（衢黄南饶）"联盟花园"

衢州有着"四省通衢"的优越地理条件，在国家实施区域协调发展战略的当下，衢州利用地处浙皖闽赣四省交界处的有利条件，与安徽黄山、福建南平和江西上饶联手打造区域旅游"联盟花园"，打造跨省域旅游协作先行区，探索共建共享新机制，为长三角、珠三角、海西三大经济区更高质量发展提供广阔市场腹地。

2021年1月22日，衢黄南饶四市现场签订了《浙皖闽赣（衢黄南饶）"联盟花园"合作共建协议》，计划通过3—5年的建设，将"联盟花园"打造成为跨省域旅游协作的先行区、美丽经济幸福产业的集聚区、美丽中国由"绿水青山"向"金山银山"转化的窗口区，使其成为特色鲜明的国家级旅游休闲城市群和世界级生态文化旅游目的地。衢黄南饶四市是全国高等级景区密集区域，紧邻我国人口最密集、旅游消费能力和需求最强的长三角、珠三角、海西三大经济区，是连接三大经济区的重要节点，也是三大经济区向内陆拓展延伸的桥头堡；四市自古山水相依、风俗相近、人缘相亲，境内旅游资源密集、产品互补、市场相关,交通便捷通达。合作共建"联盟花园",为四市集成整合既有资源,发展壮大美丽经济幸福产业,进一步拓宽"绿水青山"向"金山银山"转化的通道提供了重要载体。

根据合作协议,衢黄南饶四市将打破行政区划边界"藩篱",强化城市、部门间的协调配合,建立健全浙皖闽赣生态旅游协作机制,开创差异化竞争优势的生态文化旅游目的地新格局,推进实施规划设计、旅游交通、基础配套、产品开发、管理服务、营销推介六个方面的一体化。如在规划设计方面,将加强各市国土空间规划、旅游规划、交通规划等精准衔接、有机融合,联合编制《浙皖闽赣(衢黄南饶)"联盟花园"旅游交通概念性规划》等方案,合理安排旅游功能分区。在旅游交通方面,谋划建设"联盟大道"旅游环线,加快建设连通四市的高速公路,重点规划建设以重要景点为节点和纽带的旅游轨道网络;争取口岸开放,探索开通四市短途旅游航班。

为加强统筹协调,四市还成立了浙皖闽赣(衢黄南饶)"联盟花园"建设工作领导小组,由四市主要领导任组长。领导小组下设工作推进专班,抽调四市各部门业务骨干集中办公,负责各项工作的推动落实、日常协调和信息报送等。

第三节 深化生态文明建设,推动美丽衢州再出发

党的二十大报告指出,中国式现代化是人与自然和谐共生的现代化。生态与经济协调发展,是现代城市发展的基本战略。衢州在已有成绩的基础上深入推进生态文明建设,建立健全 GEP 和 GDP 双评价体系,深化绿色金融改革创新,描绘了未来经济发展的"绿色蓝图"。

一、建立健全 GEP 和 GDP 科学评价体系，为绿色发展保驾护航

协同推进经济发展和生态保护的内在要求是树立正确的政绩观。"要看 GDP，但不能唯 GDP。GDP 快速增长是政绩，生态保护和建设也是政绩。"[①]"我们既要 GDP，又要绿色 GDP。"[②]为此，衢州完善了生态资产核算制度，建立 GEP 和 GDP 双评价体系。

GDP，即在一定时期内（一个季度或一年），一个国家或地区的经济中所生产出的全部最终产品和劳务的价值，常被公认为衡量国家经济状况的最佳指标。它不但反映一个国家的经济表现，还反映一国的国力与财富。但是如果不顾生态环境而单纯地追求 GDP 则会造成生态环境的破坏。因此，就有了生态系统生产总值（GEP）的概念。GEP，是与 GDP 相对应的、能够衡量生态系统对人类贡献的统计与核算体系。GEP 的核算让生态产品有了清晰的价格，反映出生态系统为人类社会创造的价值。两者的关系就像马和缰绳，如果说 GDP 是一匹向前奔走的马，那么 GEP 就是缰绳。这也意味着在 GEP 不降低的约束下，GDP 的增长不能再"任性"。GEP 的存在不是简单地否定GDP，而是要让经济增长更加可持续。

GDP 与 GEP 双核算，丰富和完善了城市发展考评体系，让人们在发展经济的同时也关注到区域经济和生态环境。一方面，GEP 核算体系离不开技术的支持。衢州依托生态环境数字化平台，推出包括"环境芯""环境眼""环境码""环境链"等多个环境监管典型应用场景的"生态协同治理链"，初步实现了物联感知实时触达、数据汇聚智能分析、综合应用辅助决策、业务协同闭环治理等核心功能。"环境眼"系统自 2020 年 10 月底试运行至 2021 年底，总计发出预警信息 1200

---

① 习近平：《之江新语》，浙江人民出版社 2007 年版，第 30 页。
② 习近平：《之江新语》，浙江人民出版社 2007 年版，第 37 页。

余条，均在无人值守情况下第一时间发现问题，及时预警和处置。另一方面，GEP核算体系让"绿水青山"能够更好地向"金山银山"转化。目前，衢州的GEP核算体系正在继续下沉，成为一套更加科学合理、行之有效、广泛推广的生态产品价值核算评估体系和制度体系，使空气、水流、土壤、森林、气候、湿地等生态资源不仅可以界定价值、明码标价，也能出让交易、转移支付、抵押担保等，实现生态价值向经济价值的转变。山水林田湖草房矿等各种农村闲散生态资源清晰权属、统一登记后，都可能成为可储蓄、有利息、能融资的生态产品，真正实现了生态富民。

二、深化绿色金融改革创新，为绿色发展提供动力

工业生态化，生态产业化，绿色金融为绿色发展提供了有力支撑。2017年6月23日，衢州获批国家绿色金融改革创新试验区。绿色金融既是国家层面推进金融改革的重要内容，也是浙江深化绿色金融改革创新的内在要求，更是推动衢州供给侧结构性改革的现实需要。

衢州自获批国家绿色金融改革创新试验区以来，建立了一套科学的绿色金融标准体系，充分运用金融的力量，打通"绿水青山"向"金山银山"转化的通道。先后推出一系列绿色信贷、绿色债券、绿色基金为绿色发展融资，柯城农商银行通过创新"橘融通"等绿色信贷产品，累计投放信贷资金超过50亿元，帮助企业实现绿色转型。创新政保合作模式，在全国首创"监管＋保险＋服务＋标准"的风险减量管理安环险模式，大幅减少了企业生产中的安全风险点。衢州从6个方面展开绿色金融改革的创新实践：把组织机制作为推动绿色金融发展的重要保障、把绿色信贷作为促进绿色产业配置的重要方式、把绿色保险作为保证绿色金融发展的重要手段、把绿色债券作为优化区域融资结构的重要内容、把绿色基金作为完善企业治理机制的重要载体、把绿色PPP项目作为调动民间资本积极性的重要工具。

衢州作为全国 9 个绿色金融改革创新试验区中唯一以"金融支持传统产业绿色改造转型"为主线的城市,在国内、省内开展了 40 多项首创性工作。2020 年,主要金融指标突破历史新高,金融业增速9.7％,位列全市所有行业第一,走出了一条"大花园统领、大平台集聚、大数据支撑、大联动服务"的绿色金改"衢州之路"。在 2019 年、2020 年长三角城市群绿色金融发展竞争力评价中,衢州均位列第一;在国家发改委开展的全国营商环境测评中,衢州中小微企业"获得信贷"指标得分连续 3 年位居全国前列。衢州还持续拓展"绿水青山"向"金山银山"转化的通道,完善浙江(衢州)生态产品价值实现机制,全国范围内首创生态资源储蓄、"一县一品一标准地"、生态占补平衡等做法,形成全市生态资源资产和生态产品"一张图";全面推动"生态账户"建设,2021 年全市共建立 253 个村集体、3429 个农户、415 家企业"生态账户"。

三、推进"双碳"工作机制,为绿色发展夯实底色

衢州在发展工业的过程中,坚持绿色发展理念,坚定不移地打好转型升级系列组合拳,产业结构不断优化。2018 年,衢州市资源循环利用基地成功入选首批国家基地。近年来,衢州在工业发展方面有三个重大变化:一是产业结构优化调整,前五大行业从 2004 年的化工、建材、通用设备、电气、皮革优化调整到 2015 年的机械、化工、黑色金属冶压、造纸、建材;二是新材料、新能源、先进装备、电子信息四大新兴产业培育壮大;三是金属制品、特种纸、新兴建材、绿色食品四大传统产业加速转型提升。衢州还积极争取循环经济示范试点,打造循环经济"991"行动计划升级版;持续推进园区循环化改造,计划于 2023年实施龙游经济开发区、江山经济开发区和常山经济开发区的循环化改造工作,2024 年实施衢州智慧新城、衢州智造新城高新技术产业园区和开化经济开发区的循环化改造工作。2021 年,龙游县获得资源

循环利用基地试点，江山市获得资源循环利用城市试点。

以绿色发展为指引，衢州正努力把生态优势转化为发展优势，把美丽环境转化为美丽经济。围绕"生态产业化、产业生态化"，衢州一手抓传统产业改造提升，建立工业项目决策咨询服务机制，凡是环保、能耗等达不到标准的项目一律拒绝，已累计否决项目640多个；一手抓新兴产业培育发展，大力实施数字经济"一号工程"2.0版，成功引进一批数字经济领军企业，打造"四省边际数字经济发展高地"。

如今，衢州正系统推进碳达峰、碳中和（简称"双碳"）工作。加强碳达峰、碳中和系统谋划和技术攻关，按照全省"1＋N＋X"顶层设计，高质量编制碳达峰方案。高要求调整能源结构，腾出用能空间，大力发展以光伏为主的清洁能源，新增光伏装机29.67万千瓦。高标准优化产业结构，推动化工、钢铁、造纸、建材等行业绿色低碳改造。高水平打造碳账户体系，依托浙江省碳达峰、碳中和数智平台，实现"六大领域"碳账户全覆盖。2021年，衢州围绕"双碳"目标，构建以应对气候变化为导向的碳账户体系，率先集齐涵盖工业、农业（林业）、能源、建筑、交通运输、居民生活六大领域的碳账户。短短一年时间里，衢州建立起碳账户233.8万个，构建出一套基于碳排放的数据采集、核算、等级评价和场景应用体系。通过碳账户这一数据治理工具，政府可及时准确地了解碳排放在时间、空间以及主体上的分布概况，界定各社会主体的低碳贡献、减碳责任和碳排放权边界，从而精准施策、靶向治理。衢州在全国率先实现金融支持"双碳"治理，发放碳金融贷款83.3亿元，支持107个项目低碳化改造，实现年度减碳96万吨。依托碳账户这一基础设施，衢州将金融作为关键和突破口，加大创新应用，打造出碳账户金融"5e"闭环系统，不但为绿色金融发展增添了新的动力，也推动绿色金融衢州模式升级至2.0版本。

绿色是衢州动人的色彩，良好的生态环境勾勒了近年来衢州的发展脉络，也指明了未来发展方向。"八八战略"提出以来，衢州通过积极努力，已经在生态保护和发展生态产业上取得了不错的成绩，但仍有提升的空间。生态文明建设任重而道远，我们要牢固树立社会主义生态文明观，坚持绿色发展方式和生活方式，坚定走生产发展、生活富裕、生态良好的文明发展道路，加快推动形成人与自然和谐发展的现代化建设新格局。下一步，衢州要准确把握新发展阶段，在浙江高质量发展建设共同富裕示范区的大背景下，坚持绿色发展，深入贯彻新发展理念特别是绿色发展理念，努力建设成为经济繁荣、山川秀美、社会文明的现代化城市，以"绿水青山就是金山银山"理念引领发展之路。

第八章　打造营商最优环境，
培育投资创业热土

营商环境是城市发展的核心竞争力。党的二十大报告明确指出，要"构建高水平社会主义市场经济体制"，"深化简政放权、放管结合、优化服务改革"，"完善产权保护、市场准入、公平竞争、社会信用等市场经济基础制度，优化营商环境"。习近平同志在浙江工作期间，多次到衢州考察调研、指导工作，对衢州提出了一系列重要指示和殷切期望，其中包括"营造亲商安商富商的投资环境，吸引更多的外来投资者到衢州创业发展"。习近平同志从大局出发，为衢州未来发展指明了道路和方向。衢州历届市委、市政府始终将营商环境建设、完善社会信用体系、吸引外来投资和劳动者作为工作的重中之重来抓，催生出"最多跑一次"改革等营商环境建设的金名片，经过全市干部群众多年的努力，衢州营商环境建设硕果累累。

第一节　推进"最多跑一次"改革，提升政务服务效率

衢州将"营造亲商安商富商的投资环境"重要嘱托明确为建立"一流营商环境"，举全市之力，力争打造中国营商环境最优城市，并将之纳入"1433"发展战略体系，成立衢州市营商环境建设工作专班、营商环境服务专班，推出"12345"营商服务专线，开设市营商服务专窗，并建立营商服务专员制度和政企沟通日制度。衢州明确提出打造中国

营商环境最优城市的"十条宣言"和"三个绝不能"，搭建政策体系，清单化推进营商环境建设。制定出台《衢州市优化营商环境五年实施方案(2018—2022)和三年行动计划(2018—2020)》，绘制时间表、路线图，细化年度改革任务，每年下发衢州市打造中国营商环境实施方案，明确改革措施和改革任务清单。狠抓干部队伍建设，让广大干部从内心深处意识到营商环境的重要性，对优化营商环境的举措进行奖励，对损害营商环境的现象进行惩罚。可以说，无论是在顶层设计上还是在政策保障上，衢州都把营商环境建设当作核心工作来抓，确保该项工作开展得顺、开展得好。

从具体实践看，衢州在充分了解审批流程的基础上，首先从民众、企业最关心的行政审批效率抓起，探索"最多跑一次"改革，多措并举，加强社会信用环境建设，通过制定优惠政策吸引外来投资者和劳动者。一系列政策的制定和落地执行，让衢州的投资环境建设取得了巨大成就。

一、刀刃向内，痛点难点催生"最多跑一次"改革

衢州始终牢记习近平同志重要嘱托，刀刃向内，自我革新，开始了艰苦的探索历程。其实，衢州开展"最多跑一次"改革有着深刻的时代背景：在中央层面，国家大力推进"简政放权、放管结合、优化服务"（简称"放管服"）为衢州"最多跑一次"改革指明了具体方向；在省域层面，浙江省"四张清单一张网"的创新探索为衢州"最多跑一次"改革奠定了坚实基础；从实践上看，政务服务中企业、群众的痛点和难点是衢州"最多跑一次"改革的催化剂。

衢州厘清思路，依托政府数字化改革，围绕营商环境指标体系，对标国内国际先进水平，以评促改、以改促优，大胆探索，用"最多跑一次"改革的理念和方法，推动业务协同、系统整合、流程优化、数据共享，推动营商环境迭代升级。改革之初，衢州先做加法后做减法。

2002 年,衢州成立了行政服务中心,将几十个行政机关部门聚集在同一个地方,群众办事不用先查询地址然后再去各个单位跑,缩短了物理距离。2016 年 8 月,衢州市行政服务中心开始试行"一窗受理、集成服务"模式,通过整合投资项目审批、企业注册登记、不动产交易登记、非常驻部门审批事项等多个板块,设立集 30 多个部门 200 余个事项受理职能于一身的"集成服务"窗口。原来的每个窗口只是"专科医生",经过改革后变为"全科大夫",初步实现了群众的"少跑路"。

二、多维发力,跑出"最多跑一次"加速度

衢州以"最多跑一次"改革为引领,打出一套改革创新组合拳,多项改革措施相继出台,推动政府转型。衢州"最多跑一次"改革的总体框架是:以"一窗受理、集成服务"为起点,打通政务审批"最后一公里",形成"一窗受理""一套标准""一网通办""一站服务",让企业和群众只进一次门、只跑一次路。

以下从企业投资的三个关键环节——项目审批、税费缴纳、商事登记,探讨衢州"最多跑一次"改革的具体实践。

(一)项目审批

新设窗口统一出件。衢州市行政服务中心是企业办事的最主要场所,倡导"一窗受理"。具体来说,就是在行政服务中心按功能设立综合窗口统一受理企业各类需求,按职责分派部门审批,各部门并联审批后,将企业材料提交"综合窗口"统一出件。如客商最关心的投资项目模块,设立若干窗口,集合发改、规划、经信、国土、住建、水利、环保、消防、人防、气象等部门 200 多个审批事项,企业只要去任何一个窗口,言明所需办理事项,就能在一个窗口实现统一出件。

打造平台代办服务。衢州依托浙江政务服务网,建立起衢州市政务统一数据交换平台,将各部门业务审批系统和数据与浙江政务服务网对接联网,实现跨部门与跨领域政务服务信息全方位实时对接、互

联互通、数据共享、协同服务。简单地说，就是让数据"多跑路"换来企业的"少奔波"。衢州还实行"全程代办制"，通过"店小二"进行服务延伸兜底。"店小二"在项目立项、审批、建设过程中，对部门单位行政审批和公共服务事项开展全流程的导办、跟办、代办服务，企业可以随时通过"店小二"查询审批流程和环节，省时省力。

协调部门并联审批。要提升投资项目审批效率，关键是实现各部门并联审批。衢州推行"三合两联一优化一推进"，"三合"是指多审批合一、多评价合一、多测绘合一，"两联"是指外贸企业证照联办和商事登记证照联办，"一优化"是指优化网上审批服务，"一推进"是指推进"最多跑一次"向县乡延伸。该机制可以打通各部门之间的行政壁垒，真正实现数据共享，并且以互联网技术为依托，将"最多跑一次"改革的经验及时向市以下的县乡传递，保证区域内的企业，不管是在市本级还是县域、乡镇，都能享受改革成果，从而提升全市范围内行政审批效率。

优化流程标准管理。按照"最多跑一次"改革的工作要求，衢州市发改委建立了政府投资项目审批工作领导小组，统筹政府投资项目的审批工作，实行"2＋X＋1"工作模式（"2"为市发改委主任和项目口分管副主任，"X"为相关会办处室，"1"是审批处）。衢州出台《政府投资项目委内审批操作流程（试行）》，对符合条件的项目，审批处即收即办，按照收文、拟稿、签批各1天的时效要求，从速办理。在资料齐全的情况下，按照优化和再造后政府投资项目的内部审批流程，衢州市发改委3天内即可批文。衢州市发改委还对审批的每一个阶段进行优化，力争实现网上申报、网上办理、快递送达，让企业"最多跑一次"。

（二）税费缴纳

一窗受理，实现材料减半。主要措施：一窗受理，压缩流程；一网交换，信息共享；对照清单，落实责任。

提升数据质量，保障改革顺畅。主要做法：统一规范处理城管数据，熟练使用新的数据处理方法，促成外部信息共享。

便利汇算清缴，拓宽改革外延。主要做法：确保企业所得税汇算清缴全覆盖，争取清缴"一次也不跑"；充分利用税务申报系统、移动e管家短信平台、微信公众号等，广泛宣传引导，同时开辟绿色通道，派专人上门辅导。

国地税①联动，促进办税提质增效。一是税收联动宣传，实现"一站式"。以税收宣传月等为契机，组成党员服务队、青年志愿者服务团、所得税专家团等宣传队伍，深入开发区、园区，与企业财务面对面交流宣传。国地税联合开设纳税人学堂，在企业开展企业所得税汇算清缴及税收优惠政策辅导宣讲。二是政策联动落实，实现"破屏障"。如衢州国地税与衢州科技局联合制定出台了《关于企业税前加计扣除研究开发项目鉴定事项的通知》，不但理顺了企业研究开发项目鉴定的流程，明确了部门职责，也解开了企业的疑惑，为企业消除了后顾之忧。三是征管联动合作，实现"零距离"。为方便企业纳税人，国地税部门征管合作联动，建立"四联合"工作机制，即联合确定核定征收企业范围、联合调研调整企业应税所得率、联合规范核定征收工作流程、联合开展税收执法监督检查。推进企业涉税信息共享，对重大涉税疑难问题实行联合"会诊"，有效防范税收执法风险。

建立自体验机制，补齐改革短板。衢州税务部门要求一把手定期到行政服务中心与办税服务厅蹲点，接受纳税人涉税政策咨询并解答，详细咨询纳税人对财税部门"最多跑一次"改革的意见建议，做好记录并落实回复；同时，结合自身体验，提出解决阻塞点、困难点的方案，真正确保改革见实效、上水平。

（三）商事登记

衢州市市场监督管理局按照中央"放管服"改革要求，结合自身商

---

① 2018年7月20日，全国省市县乡四级新税务机构全部完成挂牌合并。

事登记工作职责，全面实施"一照一码"、试点企业简易注销、探索全程电子化智慧登记、深化完善"先照后证"配套机制等，有效激发了市场活力。一是全面实施"四个全覆盖"工程，多维立体发挥平台集聚功能。"四个全覆盖"是指"整合审批申报要求，实现全事项覆盖；市县两级联动，实现全市域覆盖；立足线上审批，实现全流程覆盖；创新协同工作机制，实现全方位覆盖"。二是推出"八个一标准"窗口，优化细节促进服务效能提升。"八个一标准"是指"一键取号、一打就通、一口说清、一站导办、一窗受理、一网通办、一次办结、一单速达"。三是注重探索"联办集成"新模式，牵头引领便民深入型改革。联办集成主要是注册登记与后置审批的证照联办、外贸企业的证照联办与"多证合一"改革。

三、市县联动，提供县域改革新范例

衢州各县（市、区）结合自身情况，同步推进"最多跑一次"改革，其中，江山市、龙游县的做法较具代表性。

（一）江山市：向五大领域拓展延伸

江山市紧跟省市步伐，围绕全省一流、全市领先的目标定位，按照"制度＋技术""线上＋线下""网络＋网格"的总体思路，自我加压，积极探索"最多跑一次"改革的江山做法，全力推进改革向中介监管、项目兜底服务、工程招投标等领域拓展延伸，打造门槛最低、成本最小、服务最优、体验最好、效率最高的政务环境，切实提升江山市营商环境，以开创亲商、富商、安商的创业投资环境。

江山市在推进"最多跑一次改革"中，致力于当好"店小二"，发挥专业"店小二"和全程"店小二"的帮办作用。如在项目审批过程中，既突出专业"店小二"审批服务特长，又发挥全程"店小二"代办作用，建立专业"店小二"和全程"店小二"联席会议制度，时限项目高效审批；在镇（村）推行"跑小二"代办，在基层设立网格员，随时对接企业需求，在线上、线下为企业各种需求提供代办服务；推行一站式服务，设立审批专窗，根据项目情况开设项目专班，全流程推进。

（二）龙游县：多维度向纵深推进

龙游县聚焦提升县域治理能力和服务群众、企业的水平，多维度将"最多跑一次"改革向乡镇（街道）、村（社区）、园区三大区域延伸。深化综治工作、综合执法、市场监管、便民服务等乡镇平台建设，聚焦审批堵点和盲点，以"受理和审批相分离"为原则，自上而下倒逼改革。

龙游县推进"最多跑一次"改革的主要做法有：立足实际补短板、摸清家底、梳理涉及企业审批事项清单，疏通堵点、释放涉及企业审批服务活力，突出重点、加快工业项目审批改革；突破困境显活力，当好企业的"店小二"，创新"零上门"机制，让企业少跑路；强化服务促跨越，强化窗口服务意识，提升服务水平，成立开发区企业服务中心，推进审批服务专业化。

第二节　健全社会信用体系，优化营商环境

优化营商环境不只涉及政务服务改革，也涉及社会信用环境建设。衢州把信用环境建设作为营商环境建设的重要组成部分，结出累累硕果。

一、强化机制建设，全力优化城市信用生态

衢州把打造"中国营商环境最优城市"列为市委"1433"战略体系的第一任务，编制实施意见和"信用示范之城"三年行动方案，绘制任务书、时间表、路线图，召开"信用示范之城"动员大会，不断凝聚工作共识，使信用成为激发衢州市场经济新活力、优化营商环境、提升治理能力的重要支撑。

2019 年，衢州对信用衢州建设领导小组进行重大调整，成立以市长为组长、各副市长为副组长、48 个市直部门主要领导为成员的社会信用体系建设领导小组，把信用体系建设工作作为"一把手工程"加以推进，加强对信用体系建设的指导、督促与检查。在机构改革中，将市发改委的营商环境评价、统筹推进社会信用体系建设职责调整到市营商办，市营商办设立社会信用处作为专职工作机构统筹协调创建工作，下设社会信用服务中心，配备 6 个事业人员编制，进一步配强社会信用体系建设人员力量。此外，为确保信用体系建设有序推进，衢州出台了一系列配套支撑文件。

二、强化平台建设，实现数据归集互联共享

衢州搭建汇聚全市五类信用主体基本信用信息的市级信用信息共享平台，"信用衢州"作为衢州市社会信用体系建设的门户网站，主要承担政策法规解读、信用信息动态发布、新闻宣传、信用信息查询公示等功能。2018 年 1 月，全面启动衢州市政务信息系统集成和公共服务数据共享应用示范工程项目（总投资 2.3 亿元）。通过该项目的提升改造，在政策服务、金融信用信息、"互联网＋监管"等平台之间搭建一个"公共数据仓"，以数据归集分流的形式，使跨系统、跨部门、跨业务的数据实现共享，形成多主体、跨领域、高效率的闭环式循环模式。为解决中小微企业融资难、融资贵等难题，由市营商办牵头，市人行、市金融办、市银保监分局 4 家单位通力合作，协同推进项目建设。目前，衢州市金融服务信用信息共享平台一期功能建设完成并上线，初步构建了一个集市场主体信用信息收集、绿色标识、银企融资对接、担保融资、"一证办"、政府扶持、网格化数据分析系统和预警系统等功能于一体的综合性共享平台。

三、强化协同应用，以信用监管优化营商环境

衢州在全省率先将"信用容缺受理"和"审批替代型信用承诺"模

块嵌入一窗受理云平台。通过对一窗受理云平台等系统中"信用容缺受理"功能的开发，实现所有市县两级事项，收件时非必要性材料均可信用容缺受理，同时积极落实国家"证照分离"改革事项清单，通过对一窗受理云平台的嵌入改造，实现清单内所有地市级事项申报采用"审批替代型信用承诺"。截至2021年，已有9307家市场主体适用"住所申报承诺制"，993家通过告知承诺制办理食品经营许可，436家享受"信用容缺受理"办理，企业开办和经营过程中的审批材料更少、审批速度更快，市场主体活跃度不断提高。此外，还将商事主体诚信经营主动承诺模块嵌入滚动年报系统，形成年报数据共享交换、商事主体数据对比和商事主动承诺三种机制，实现了多部门商事主体信用信息共享和反馈。截至2021年，已有28705户市场主体签署诚信经营承诺。

衢州积极配合浙江省信用协同应用试点，大力推进各项试点任务，在原信用联合奖惩模块基础上，将信用数据共享接口嵌入一窗受理云平台、权力运行系统、投资项目审批、公积金管理、不动产交易、公共资源交易等所有地市级自建审批系统，实施逢办必查、逢报必查，率先在全省"审批服务、行政监管、公共服务、公共资源交易、政务事务"等五大行政管理领域中实现了公共信用信息评价、联合奖惩、红黑名单等信用协同应用。将服务企业作为优化营商环境的核心，建立"专线＋专网＋专窗＋专班＋专门"的"五专"服务机制，开通"12345"营商环境专线，并在行政服务中心专设信用信息服务窗口，为企业和群众提供"零距离""闭环式"服务，确保"件件有落实、事事有回音"。

四、强化场景应用，推动信用惠民便企

衢州紧扣浙江省信用体系建设"531X"工程总体架构，扎实推进政府、企业和个人信用体系建设，将行政审批领域信用信息应用作为突破口，不断拓展应用场景，增强群众的改革获得感。如围绕"买房卖房一件事"，推行购房合同、抵押证明等材料电子化，无须办事人提供，申

请材料精简 95% 以上，实现了"一证办"，30 分钟即可出证；衢州的二手房交易在全省率先实现"零跑腿""不见面审批"。此外，衢州在全省率先接入"浙里办"App，868 个政务服务事项实现掌上办，并引入自动填表、区块链、可信身份认证等技术，提升百姓掌上办事的服务体验。

在基层治理中，衢州依靠诚信体系建立了一套互联互通、共享共治的基层治理新模式。如常山县球川镇对诚信分高的村民，在教育、就业、创业等领域给予重点支持，提供更多便利服务；龙游县溪口镇创新"龙游通＋信用积分"模式，推进浙江省信用信息公共服务平台与"基层治理四平台"对接，提升小城镇治理能力和水平；江山市创新打造"智慧信用门牌"，走出了一条"党建＋基层治理＋乡村振兴"的新路子，形成正向激励引导，不断夯实农村基层社会治理的基础。

第三节　落实惠民安商政策，营造投资创业氛围

营商环境建设是全方位、全过程的建设，不仅包括提升政务服务效率、优化社会信用环境，也包括完善招商引资政策。衢州致力于完善安商惠商的政策体系，助力招商引资，并通过用心办好社会民生事业，吸引大量外来投资者和劳动者来衢州创业发展。

一、完善安商政策体系，助力招商引资

2009 年 12 月，衢州编印了《衢州市工业产业资源汇编》，印发了工业招商手册。这是衢州首次对自身工业产业资源、基础进行详细盘点和整理，从根本上摸清了工业家底，确定了产业发展方向。

衢州根据自有产业情况，合理进行招商引资布局，制定招商引资政策，推行产业招商、项目招商、以商招商。衢州相继出台《衢州市人民政府关于浙江衢州高新技术产业园区招商引资若干政策的意见》

(衢政发〔2002〕73 号)、《衢州市本级重大招商企业人才周转住房实施办法(试行)》(衢政办发〔2015〕70 号)、《关于促进衢州创新创业平台发展的若干政策意见(试行)》(衢政办发〔2018〕42 号)、《衢州市人民政府办公室关于印发衢州市区域产业基金组建方案和衢州市政府产业基金管理暂行办法的通知》(衢政办发〔2019〕37 号)、《衢州市人民政府办公室关于印发衢州市招商引资若干政策和衢州市本级招商引资中介人奖励办法的通知》(衢政办发〔2020〕7 号)、《促进民营经济高质量发展 30 条》、《中共衢州市委衢州市人民政府关于实施工业强市战略推动工业高质量发展的若干意见》(衢委发〔2021〕25 号)等重要文件,在土地、用电、用水、税收、企业社保缴纳、企业融资、用工等方面予以明确,吸引了大批企业来衢州投资创业,如衢州华友钴新材料有限公司、阿里巴巴衢州运营中心、海康威视、网易等。

衢州致力于打造服务型政府,为企业提供更专业、更细致的服务。如何将服务企业落到实处?衢州建立了优化营商环境工作专班制度,设立营商服务专线,实行专人、专线、专窗受理。一般问题尽快办,复杂问题"会诊"办,做到"件件有落实、事事有回音"。

二、注重民生建设,吸引外来劳动者来衢留衢

衢州大力发展民生,确保劳动者留得下。近年来,致力于补短板,加快人口集聚发展,出台了一系列人才政策,同时加快城市基础设施和公共服务配套设施建设。衢州将为民办实事落在实处,每年两会期间都会提出年度十大民生实事,确定民生实事的牵头部门和组成部门,形成联席会议机制,定期召开联席会议,讨论民生实事进展情况,通过衢州广播电视台电视问政节目《请人民阅卷》发动市民为民生政策和民生实事打分。经过几年的发展,外地劳动者在衢州的幸福感和归属感更强。截至 2021 年末,衢州常住人口达 228.7 万人,外来人口连续 6 年实现净增长。

（一）多渠道促进和扩大就业

就业是最大的民生。近年来，衢州花大力气促进和扩大就业，加强岗位开发、技能培训、就业服务、公益性岗位兜底安置，落实企业稳岗和技能培训补贴，帮助困难人员就业。全面落实创业担保贷款、创业孵化补贴、创业培训补贴等政策，开创和完善大学生创业园，鼓励退役军人就业，重点支持高校毕业生和退役军人创业创新，支持农民工等返乡创业。

（二）大力发展教育事业

针对广大群众普遍反映的"入托难、入园难、入学难"等问题，衢州加大学前教育补短板力度，抓好小区配套幼儿园治理提升，实现了乡镇公办中心园全覆盖。同时，把加强儿童青少年近视防控和心理健康教育放在重要位置，要求各级教育主管部门继续深化"互联网＋义务教育"，努力抓好城乡教育共同体建设。推进义务教育学校免试就近入学，实施公办、民办学校同步招生，尤其是解决好外地来衢农民工子女入学问题。紧抓高中多样化、特色化办学和名校建设，深化职业教育"五个统筹"改革。切实保障教师待遇，狠抓队伍建设，让教师心无旁骛抓教学提质量。

（三）持续提升社会保障水平

衢州市委、市政府尤其关注留守儿童、妇女、残疾人、老年人等弱势群体，建立健全针对上述群体的全方位服务关爱体系，要求实现儿童之家村社全覆盖，建好乡镇（街道）示范型居家养老服务中心；全面完成农村饮用水达标提标任务；狠抓学校、医院、工厂、工地食堂和网络送餐等质量安全，打造群众满意的食品安全城市；加快推进保障房和廉租房建设，促进房地产市场平稳健康发展；高标准建设全国社区治理和服务创新实验区，积极创建全国双拥模范城。

（四）提高为民服务水平

近年来，衢州的"最多跑一次"改革已实现迭代升级。衢州全力打造"无证明办事之城""掌上办事之城"，全市民生事项100％实现"一证通办"，90％以上政务服务事项实现掌上办。深入推进个人全生命周期"一件事"改革，二手房交易"不见面"办理、医疗费用"一站式"结算等服务在全国领先，"村情通"、教育"十个一"改革、"婚育户"联办、低保惠民联办等举措全省领先。"最多跑一次"改革向公共场所扩面、向机关内部延伸，衢州高铁站整体提升后面貌焕然一新，组织人事业务"一件事"改革成为全省示范。

打开浙江政务服务网客户端，选择衢州"掌上办事"平台，进入人力社保界面中的自由职业者参保登记栏目，从电子证照库中选择自己的电子身份证明，再确定参保登记类型——不到2分钟，自由职业者参保登记就成功办理。衢州各地对外来劳动者采取一视同仁原则，全流程、全方位关心关爱在衢外来劳动者。和众多衢州市民一样，外来劳动者在日常办事、疫情防控等方面都能感受到实实在在的获得感和幸福感。

（五）提高公共服务建设水平

衢州注重博物馆、展览馆、体育馆、图书馆等公共文化设施建设，为民众提高文化修养提供多样化空间；深入推进"五水共治"，引入"河长制"，提升全市饮用水水质，提高地表水清洁水平，为市民营造良好的生态环境。

三、好举措赢得好口碑，营商环境建设结出累累硕果

衢州营商环境建设取得了丰硕成果，极大释放了改革红利。2021年，全市新增市场主体数量和民间投资主体数量大幅度增加。新增各类市场主体43475户，同比增长8.45％，新增小微企业8311户，同比增长18.9％；阿里巴巴衢州客户体验中心、钉钉生态企业服务加速器等一批新兴项目先后落户衢州；高新技术产业投资实现较快增长，占全市产业投资比重提升至12％；2021年全年累计新增社会性投资

93.44 亿元,完成年度计划的 315.78％。

数字化集成改革为衢州营商环境再提升提供了强大支撑。据不完全统计,2021 年,衢州"跨省通办"获得全国推广,跨省通办事项覆盖 12 个部门,累计为企业办理业务超过 6.9 万笔(次);实现 51 个市场监管高频事项"全市通办",完成对 188 个市级及以下审批事项的审批制度改革;推进电子营业执照多场景应用,全年创设 10 余个应用场景,并在 2400 余家企业开展试运行。优质高效的营商环境,正不断为衢州经济高质量发展注入新动力。

衢州营商环境的优化,凝聚着衢州广大干部群众的辛勤努力。营商环境已成为衢州的一张金名片,是衢州建设四省边际中心城市的核心竞争力。2018 年 8 月公布的全国首个营商环境试评价结果中,衢州在 22 个试评价城市中排第 4 位,在所有参评的地级市中排首位;在"2018 第十三届中国全面小康论坛"颁奖盛典上,衢州获评"2018 年度中国十佳营商环境示范城市";在第十六届中国企业发展论坛暨第二次营商环境建设峰会上,衢州入选"2018 中国企业营商环境十佳城市(地级市)"。2019 年,在全国 41 个营商环境参评城市中,衢州排第 7 位。同年 7 月,国家发改委法规司在衢州组织开展了《优化营商环境条例》征求意见座谈会,充分显示了中央层面对衢州营商环境建设的高度认可。2020 年,国家发改委发布了我国营商环境评价领域的首部国家报告《中国营商环境报告 2020》,衢州成功入选 15 个营商环境标杆城市,并且是其中唯一的非省会城市。2021 年,衢州营商环境建设好消息频传。5 月,在全国营商环境现场交流会上,国家发改委公布了 98 个参评城市评价结果,衢州 18 个营商环境评价一级指标中,有 16 个被列为全国标杆指标,同比新增 7 个,其中企业开办指标排全国第 1 位。《中国营商环境报告 2021》中,衢州再次入围全国营商环境标杆城市,开办企业、劳动力市场监管、办理建筑许可、市场监管、政务服务、包容普惠创新等 6 个指标的创新经验入选示范引领"最佳实践篇"。

衢州营商环境建设取得的成就,也得到了国内其他兄弟城市的高度关注,很多兄弟城市组团来衢州"抄作业"。衢州市营商环境建设办公室每年都要接待数百个来自兄弟城市的考察团,每年进行数百次营商环境建设经验介绍。衢州以营商环境为主要内容的投资环境建设,已取得巨大成就,形成了衢州经验、衢州方案和衢州智慧。

第九章　坚持和加强党的全面领导，发挥党的领导核心作用

2021年7月1日，习近平总书记在庆祝中国共产党成立100周年大会上的讲话中强调："中国共产党领导是中国特色社会主义最本质的特征，是中国特色社会主义制度的最大优势，是党和国家的根本所在、命脉所在，是全国各族人民的利益所系、命运所系。"[①]党的二十大报告指出，"坚持党的全面领导是坚持和发展中国特色社会主义的必由之路"；坚持和加强党的全面领导，必须"坚决维护党中央权威和集中统一领导，把党的领导落实到党和国家事业各领域各方面各环节，使党始终成为风雨来袭时全体人民最可靠的主心骨"。坚持和加强党的全面领导，关系党和国家的前途命运，我们的全部事业都建立在这个基础之上，都根植于这个最本质特征和最大优势。

2006年8月14日至17日，习近平同志到衢州下访接待群众，就全面加强党的建设、夯实构建和谐社会基础工作开展调查研究。其间，习近平同志深入农村、社区、企业，与基层干部群众零距离沟通，面对面听取意见建议，现场指导工作，发表了一系列重要讲话。[②]衢州牢记嘱托，坚定不移加强党的政治建设，为推动衢州高质量建设共同富裕先行示范窗口提供坚强保证。

---

① 《在庆祝中国共产党成立100周年大会上的讲话》，《人民日报》2021年7月1日。
② 《全面加强基层建设　夯实构建和谐社会基础》，《浙江日报》2006年8月17日。

第一节　全面加强党的领导，筑牢党建统领根基

新的征程上，我们必须坚持党的全面领导，不断完善党的领导，增强"四个意识"、坚定"四个自信"、做到"两个维护"，牢记"国之大者"，不断提高党科学执政、民主执政、依法执政水平，充分发挥党总揽全局、协调各方的领导核心作用。①

坚持和加强党的全面领导要求充分发挥党总揽全局、协调各方的领导核心作用，把坚持党对一切工作的领导贯穿到共同富裕示范区建设的各个方面和全过程，始终保持正确的政治方向。衢州坚持把党的政治建设摆在首位，不断提高政治判断力、政治领悟力、政治执行力，忠诚拥护"两个确立"，做到"两个维护"，在思想上、组织上、作风上坚定不移地将中央和省委的决策部署落到实处。

一、固本铸魂，压实政治基础

政治建设是我们党的本质要求和内在规定，政治建设凸显了我们党独特的政治优势、政治特色和党建规律。把加强党的政治建设落到实处，就是坚持正确的政治方向，坚定理想信念，不断健全和完善党的领导工作机制。

（一）坚持正确的政治方向

衢州坚持把党的政治建设摆在首位，牢固树立"四个意识"，坚定"四个自信"，坚决拥护"两个确立"，做到"两个维护"。2003 年以来，衢州坚持以"八八战略"为总纲，牢记嘱托，深入贯彻习近平同志的重要批示精神。衢州市委常委会建立学习总书记重要讲话和指示批示

---

① 《在庆祝中国共产党成立 100 周年大会上的讲话》，《人民日报》2021 年 7 月 1 日。

精神第一议题制度，形成了《中共衢州市委关于深入学习贯彻习近平总书记考察浙江重要讲话精神为全省建设"重要窗口"主动担当奋发有为的决议》《中共衢州市委关于深入践行习近平同志重要嘱托加快建设四省边际中心城市的决定》《中共衢州市委关于制定衢州市国民经济和社会发展第十四个五年规划和二〇三五年远景目标的建议》《衢州高质量发展建设四省边际共同富裕示范区行动计划（2021—2025 年）》等重要部署文件，以制度化的形式落实党的全面领导。衢州建立健全不忘初心、牢记使命的制度，健全完善专题读书班、常态化专项整治等一系列制度体系，将习近平同志在浙江工作期间多次来衢州调研的重要讲话精神具体化，以强烈的政治担当推动中央和省委决策部署在衢州落地见效。

（二）全面加强思想理论武装

扎实推进理论学习。衢州坚持和完善党委（党组）理论学习中心组学习制度，自党的十八大以来，深入开展党的群众路线教育实践活动、"三严三实"专题教育、"两学一做"学习教育、"不忘初心、牢记使命"主题教育、党史学习教育。以学习党的二十大精神为重点，实施"习近平新时代中国特色社会主义思想主题教育培训计划"，每年组织三分之一的市管干部到市委党校接受系统的理论教育和严格的党性锤炼。

打造理论宣讲的金名片。一方面，拓展理论宣讲平台。2019 年以来，衢州扎实推进乡村振兴讲堂建设，将其作为基层党员接受政治思想教育的主阵地，在"不忘初心、牢记使命"主题教育和党史学习教育中发挥了积极作用。衢州现有 1438 个乡村振兴讲堂，学习贯彻习近平新时代中国特色社会主义思想作为乡村振兴讲堂的"第一课"。另一方面，不断创新理论宣讲形式。近年来，衢州将每年 7 月定为"红色宣传月"，集中开展"万场党课下基层""党课开讲啦""8090 新时代理论宣讲"等活动，积极组织村社干部集中培训、基层党员大轮训，用党的理论武装基层、引领基层，全力推动习近平新时代中国特色社会主义思想深扎基层。2019 年 9 月，衢州市龙游县在浙江省率先组建"8090 新时代理论宣讲团"，以青春之声推动党的创新理论"飞入寻常百姓家"。2021 年，衢州市"8090 新时代理论宣讲"工作获省部级以上领导批示 5 次，被确定为浙江省理论宣讲工作的一张金名片。

（三）健全党的全面领导制度

在政治把关和政治素质考察方面，衢州建立了政治把关与考察机制。衢州把政治把关和政治素质考察嵌入干部成长全生命周期。2020 年以来，衢州对全市领导班子、县处级领导干部进行政治素质调研分析。政治立场坚定、勇于担当的市管干部得到提拔使用，政治考察不过关的干部被取消提拔。在工作落实方面，衢州不断健全完善"八八战略"落实机制。2021 年以来，衢州建立了党建统领"七张问题清单"机制。在重大改革创新、重大项目推进、重大专项工作、重大历史遗留问题处置方面建立了"专班工作制"。在考核方面，建立分类考核机制。在市级部门领域，建立了"比、亮、晒"活动机制。在区块领域，建立了"争先创优'流动红旗'机制"。对排名靠前的县（市、区）授予"流动红旗"，对排名末位的区块，由市委、市政府相关领导对县（市、区）主要领导和分管领导进行约谈。针对市级部门领导班子和领导干部，建立"两专赛马、亮剑比拼"机制。

二、强基赋能，夯实组织基础

党的十八大报告提出，"要以服务群众、做群众工作为主要任务，加强基层服务型党组织建设"；中共中央办公厅 2014 年专门印发《关于加强基层服务型党组织建设的意见》；党的十八届五中全会要求"强化基层党组织的整体功能"；党的十八届六中全会提出，"基层党组织要严格履行监督职责"；党的十九大报告首次提出，"要以提升组织力为重点，突出政治功能"，把基层党组织建设成为"坚强战斗堡垒"，并强调"党支部要担负好直接教育党员、管理党员、监督党员和组织群众、宣传群众、凝聚群众、服务群众的职责"；党的二十大报告指出，"坚持大抓基层的鲜明导向，抓党建促乡村振兴，加强城市社区党建工作，推进以党建引领基层治理，持续整顿软弱涣散基层党组织，把基层党组织建设成为有效实现党的领导的坚强战斗堡垒"。衢州认真领悟中央、省委关于基层党组织建设的精神，牢固树立大抓基层的鲜明导向，持续推进"三民工程"金名片建设，实施"红色根脉强基工程"，以改革创新为动力激发基层党组织活力，以数字化驱动基层党建整体智治。

(一)持续推进"三民工程"金名片建设

2005 年以来，衢州在总结提炼历年来基层组织建设实践经验的基础上，在全市推行以"建立民情档案、定期沟通民情、为民办事全程服务"为主要内容的"三民工程"建设。建立民情档案，就是建立"村情单、户情单、事情单"，引导市县乡村四级干部重心下沉、走亲连心，真正做到"提人知情、提情知人"。定期沟通民情，就是建立乡村干部"一日一值班、一周一集中、一月一沟通"的民情沟通机制，全面落实村干部坐班、值班或轮班以及村"两委"联席会议、"五议两公开"、党员固定活动日等制度，真正做到党的领导和村民自治相统一。为民办事全程服务，就是通过服务热线、服务网络、乡村便民服务中心，把所有涉及老百姓的服务审批事项，一个窗口受理、一次性告知、一条龙服务，真正做到全天候、全方位、全过程服务。

衢州市委一直把"三民工程"作为基层党建"一号工程"来抓，一张蓝图绘到底，决心始终不变，目标始终不渝，实践始终不止，以钉钉子精神，一锤接着一锤敲，一以贯之地将这一基层党建品牌做大做强。2009 年，衢州明确将"三民工程"作为基层党建的示范工程，要求各级党组织书记亲自抓，并牵头组织开展专项推进行动，举全市之力推进"三民工程"。2012 年，衢州以标准化带动服务形式的多样化，以信息化推进服务机制的长效化，扎实推进"三民工程"的标准化建设。围绕可复制、可持续的建设目标，2014 年，衢州提出打造"三民工程"升级版，以解决联系服务群众"最后一公里"问题。2018 年，衢州以智慧化为目标，以"三个三党建工程"打造"三民工程"智慧版。在数据联通上，衢州整合浙江政务服务网等网络平台资源，完成 61.7 万户群众的民情档案电子化更新，形成了大数据党建平台。在沟通联络上，衢州将全市划分为 4531 个全科网格，并把全市所有村社党员全部纳入网格内，承担起网格巡查任务，推动党群联系"零距离"。在覆盖延伸上，依托"96345"党员志愿服务，推动党员网格联户从农村走向城市，党员志愿服务从城市走向农村。在便民服务上，对乡村两级便民服务中心全面改造提升，累计建成乡村示范型服务中心 551 个、标准型服务中心 638 个、普通型服务中心 386 个，助推"一窗受理、集成服务"向乡村基层延伸。同时，借助信息化手段打造"村情通"App，搭建集成高效的便民惠民平台，让群众办事由"多次跑"向"就近跑""一次跑"甚至"不用跑"转变。

（二）实施"红色根脉强基工程"

2021 年以来，衢州加快推进"红色根脉强基工程"。加强村社干部履职管理，分层分类开展集中培训 96 轮 232 批次，培训村社干部 3.9 万余人次。制定出台村社干部全链条管理、村社书记县级备案管理等制度，持续规范村级组织运行。制定《衢州市加强村级党组织书记底线管理"十条负面清单"》，聚焦信访矛盾突出、工作推进不力、"三资"管理不规范、村干部违规插手工程等问题，对 102 个重点关注村进行集中整转，对 152 名村"两委"干部进行组织处理。持续深化"三联工程"，完善组团"点兵点将"、网格"微事快办"、联户党员"五权赋能"等机制，累计办结服务事项 6.2 万项，事件办理时间从平均 7 天减少至 3 天。制定实施全域党建联盟工作 8 条指导意见，分类组建党建联盟 196 个。深化落实"导师帮带制"实践，从省市两级"千名好支书""治村名师"中择优筛选出市县两级治村导师 131 名，"一对一""一对多"帮带村社年轻党员 739 名。依托乡村振兴讲堂抓好农民增收创富培训,开展实用技能培训 2720 余场,培训农民 127 万余人次。深入开展"两新"组织"强引领、优服务、争先进"十大专项行动,为全市 140 余家重点非公企业制订培育计划,"一企一策",全市设立 2.3 万个党员责任岗、1.8 万个党员先锋岗、7400 个党员攻关岗,产业链党建工作被列入全国党建研究会评选的"2021 年度百个两新党建优秀案例"。大力推进新业态、新就业群体党建工作试点,新成立市快递物流行业党委,推动市数字经济与互联网行业联合党委实体化运行,累计投入1500 万元,建成新就业群体综合性服务平台(站点)122 个,改造提升"小哥驿站"87 个。深入推进全国城市基层党建示范市创建,全市 18个街道 112 个社区建立街道"大工委"、社区"大党委",大力探索未来社区党建。深化"红色物业联盟"升级版工作,全市建立 585 个小区党支部,通过联建等方式覆盖了全市域 769 个小区,覆盖率 100%。以庆祝建党百年为契机,加强党员队伍建设,全年共发展党员 3800 名,较上年增长 52%。深化中组部党员分类管理试点,从严加强党员队伍教育管理。

(三)以改革创新为动力激活党组织活力

近年来,衢州以"县乡一体、条抓块统"改革为契机,不断织密建强上下贯通、执行有力的基层组织体系,推进基层组织体系优化完善。在农村,健全完善村党组织和村委会、经合社、监委会运行机制,主动适应"一肩挑"深刻变革。柯城区创新推行"村民户主大会"机制,累计收集各类问题、意见建议近万条,形成问题清单 213 张,约 6 万人参与村"两委"干部满意度测评,群众满意率达 97%,有效激发了村民参与乡村建设的积极性。在城市社区,大力探索未来社区党建,持续完善"一统三化九场景"机制。春江月小区做实"红色物业联盟",打造未来社区"红色礼享家"党建品牌,推动党建嵌入未来社区生产、生活全服务链,打造无案件、无上访、无诉讼的"有礼"小区,物业费收缴率连续5 年达到 100%,小区居民的幸福感、归属感节节攀升。在"两新"组织领域，聚焦外卖骑手、快递小哥、网约车司机等新就业群体，切实加强快递物流行业党建，全市打造 95 个"小哥驿站""职工之家"等服务阵地，推动新就业群体融入城市基层党建新格局，推动党建工作与行业发展互促共进、同频共振。在机关、国企、学校、医院等领域，大力推动以业务处室、学科专业、工程项目等为基本单元建立党组织，探索发挥党组织实质作用的有效途径。在疫情防控期间，衢州各行各业党组织把战"疫"作为检验组织战斗力的试金石，广大党员干部在疫情防控期间经受住了考验。

（四）以数字化驱动党建整体智治

在数字化改革大背景下，衢州积极探索党建数字化建设。衢州迭代升级开发了"浙里党群心联心"应用，构建集感知、分析、预警、管理等功能于一体的党建数字场景，实现了干部沉下去、网格活起来、党员动起来、民心聚起来。应用场景上线以来，陆续发布联户走访信息79.2 万条、办结事件 6.2 万项、化解矛盾 717 件。事件办理时间从平均 7 天减少至 3 天。2021 年以来，衢州以推进"152"和"141"两大体系全面贯通为切入点，全面强化数字化改革牵引作用。同时，衢州积极探索村社网格一级的下行跑道，在农村，开发"浙智兴村"应用场景，数字赋能党建、富民、治理、服务，努力打通服务群众"最后一公里"，构建数据全景式归集、流程全链条再造、服务全方位触达的基层党建智治格局。在党员管理方面，聚焦党员干部"选育管用"，开发设计干部"四维考评"应用，全市域推广"岗位＋实绩＋服务＋专项"考评模式。江山市石门镇创新模块化运行"四维考评"体系，打破条块分割、身份标签、苦乐不均，充分激发干部干事创业热情，促使干部由"要我做"向"我要做"转变。在监督方面，衢州紧盯"两新"党组织管理过程中的突出问题、薄弱环节，开发两新党建"3＋6"智慧化管理应用，实现同步覆盖、三色管理、动态集成、双强认证等四大核心功能，推动"两新"党组织全域建强、全面过硬。截至 2021 年底，"浙里党群心联心"应用已覆盖衢州全部乡镇、村社，共有 5.3 万名党员参与联户，9555 名村"两委"干部参与联格，8336 名干部组团联村（社区），完成事件任务 99.6 万件，群众满意率 98.9%。

三、凝心聚力，做实群众基础

密切联系群众是党的优良作风。衢州通过织密党联系群众的网络，充分发挥统一战线的优势，深化群团改革，不断创新联系群众、依靠群众、服务群众的手段与方法。

（一）织密联系群众的网络

衢州依托"三个主体工程""三个全覆盖""三大指数"，全面深化落实新时代群众路线。全面抓实"三大主体工程"，即落实乡镇（街道）主体责任、发挥村（社区）组织主体作用、激发党员群众主体意识。"三大主体工程"重在解决"责任在谁、谁来落实"的问题，是联系群众的"牛鼻子"。全面落实"三个全覆盖"，即推进组团联村（社区）全覆盖、网格支部全覆盖、党员联户全覆盖。"三个全覆盖"重在解决"怎么落实、落实什么"的问题，是联系群众的"主载体"。2018 年，衢州组团联村（社区）服务团实现了村（社区）全覆盖，每个村（社区）都有市县乡的 4—6 名干部常态联系服务指导；设立网格党支部 1042 个、党小组 3149 个，实现全科网格内党组织全覆盖；党员"1＋N"联户实现联系不漏户、户户见党员。用好"三大指数"，即用好乡镇（街道）党（工）委的服务指数、村（社区）党组织的堡垒指数、党员的先锋指数。"三大指数"重在解决"怎么考核、谁来考核"的问题，是联系群众的"指挥棒"。

（二）发挥统一战线凝聚群众作用

衢州充分发挥统一战线独特的政治优势、组织优势、智力优势、资源优势。积极构建衢州人发展大会、"叶檀财经"研究院等平台，创新成立"南孔直播群英·同心荟"直播平台。2020 年，"南孔直播群英·同心荟"理事成员共开展直播 13487 次，累计带货 2300 余种，受众规模 1.36 亿人次,实现带货销售额达 2.37 亿元。衢州网络直播人士统战创新实践案例被评为衢州市改革创新实践优秀案例,入选由中国统一战线理论研究会主办、国家社科基金资助的"我国社会结构变化对新时代统一战线的影响"论文集(全国仅 30 篇)。强化"礼贤通·乡贤回归一件事"等一系列服务机制,陆续吸引 1275 名新乡贤人士带资金、带项目、带人才、带团队回到乡村,新增及续建各类新乡贤回归项目 118 个,涉及计划投资总额超过 300 亿元,210 人任村支书,535 人任职于村"两委",505 人任"一长三员"。创新"一乡两带十村"模式,全年共落实帮扶资金 1825 万元,引进推广了中草药种植、光伏发电项目、高端民宿项目等 56 个特色产业帮扶项目。全市统一战线充分发挥人才荟萃、智力密集、资源丰富、联系广泛的优势,紧贴中心、服务大局,不断为全力打造四省边际共同富裕示范区、四省边际中心城市凝聚共识、凝聚人心、凝聚智慧、凝聚力量。

(三)深化群团改革密切联系群众

衢州坚定不移走中国特色社会主义群团发展道路,以保持和增强政治性、先进性、群众性为主线,打造忠诚于党的红色群团、唯实惟先的实干群团、共建共享的为民群团、高效协同的数智群团、创新创优的品牌群团,加快构建现代化群团工作体系,加快构建大群团工作格局,发挥群团组织的独特优势,助推高质量发展。2021 年,衢州建成了衢州市总工会党史党建和劳模工匠展示厅,该展厅获评"浙江省第一批产业工人队伍思想政治教育基地";在城市困难职工解困脱困工作全省考核中,衢州位列第一。衢州深入实施"真善美"种子工程,出台《推进衢雁回归九条举措》,成立青年人才联络站,组建衢籍学子联盟,大力开展招才引智。大力推进基层团组织改革,江山市成为全国基层团组织改革试点单位。圆满完成村(社区)妇联组织换届,共产生村妇联主席 1481 名、副主席 1856 名,社区妇联主席 110 名、副主席 153 名,实现村妇联主席 100% 进村"两委"的预期目标。实施巾帼助共富八大行动,有力推动了来料加工业健康稳定发展,带动人均增收超 1.4 万元。"四必访、四必知"专项行动作为典型案例获省妇联肯定。

第二节 构建共建共治共享格局,发挥党建统领作用

提升基层治理现代化水平是实现国家治理体系和治理能力现代化的重要一环。党的十九届四中全会审议通过了《中共中央关于坚持和完善中国特色社会主义制度 推进国家治理体系和治理能力现代化若干重大问题的决定》,强调要着眼于推进治理体系和治理能力现代化,从群众需求和基层治理突出问题出发,积极探索推进基层治理创新,解决好服务群众"最后一公里"问题。

2018 年 3 月 7 日,习近平总书记在参加十三届全国人大一次会议广东代表团的审议时指出:"要创新社会治理体制,把资源、服务、管理放到基层,把基层治理同基层党建结合起来。"①党的十九大报告强调,完善党委领导、政府负责、社会协同、公众参与、法治保障的社会治理体制。党的二十大报告指出,加快推进市域社会治理现代化,提高市域社会治理能力。衢州积极探索"党建统领基层治理现代化"的最优路径。

一、坚持系统思维,探索党建统领共建机制

衢州通过构建"主"字形集成治理体系,围绕基层党建、基层治理、乡村振兴、农民建房、扫黑除恶、乡风文明、产业发展、富民增收等推行清单制,建立研判制,落实考评制,压实县乡主体责任。多方联动实现组团联村(社区)全覆盖,优化设置实现网格支部全覆盖,精细服务实现党员联户全覆盖,让党旗在每个角落高高飘扬。全面考实服务指

---

① 《习近平李克强栗战书汪洋王沪宁赵乐际韩正分别参加全国人大会议一些代表团审议》,《人民日报》2018 年 3 月 8 日。

数、堡垒指数、先锋指数,突出提升服务力、组织力和战斗力,以基层党组织在基层治理中的主导作用推动党的政治优势、组织优势转化为发展优势。通过"主"字形基层治理体系抓基层治理,实现了党建和基层治理的深度融合,实现部门有机会、县区有平台、乡镇有抓手、村社有力量、党员有榜样的治理目标。

(一)"三联工程"构建县乡村治理共同体

在衢州,每个村(社区)都有一个组团,而团长由乡镇(街道)班子成员担任,成员由市县联系部门干部、驻村第一书记、农村工作指导员、生态指导员、专家人才等组成,并实行团长负责制,周二集中下村(社区)服务。通过体制内上下打通、条块打通,体制外干群打通、党群打通,现在乡镇班子成员不仅可以调动本乡镇范围的资源,还可以整合市、县各级资源,这等于另外给村(社区)增配了一个强有力的工作班子。而乡镇服务指数、支部堡垒指数、党员先锋指数,又给考实干部提供了一把尺子,借助这把尺子,把各级党员干部推到一线,让他们有担当、有作为,最终都落实于"为人民服务"。

(二)"红色物业联盟"铸就城市社区治理共同体

"红色物业联盟"就是以城市小区为单元,在市民集中居住的住宅小区,让小区网格、业主委员会、物业服务企业、社会组织等新领域新业态都建立党的组织、开展党的工作,用党建这根"红线"把小区网格、业主委员会、物业服务企业、小区业主等多元主体贯穿起来,为城市小区治理各方打造主心骨,形成一个新领域、区域化党建大联盟。衢州把"党建+"引入社区治理,建强"网格支部+业主委员会+物业公司"的"红色物业联盟"组织架构,市县"四套班子"共227位领导每人联系1个社区和1个小区,依托"96345"党员志愿服务平台,动员全市1755支志愿服务队伍3.9万名党员干部进社区开展志愿服务,把党的组织和工作延伸覆盖到每一个网格,强化党建统领社区小区治理,引导居民依法有序参与小区治理,实现民主共治。

（三）"三通一智（治）"打造智慧治理共同体

2020 年 3 月，习近平总书记在浙江考察时指出："运用大数据、云计算、区块链、人工智能等前沿技术推动城市管理手段、管理模式、管理理念创新，从数字化到智能化再到智慧化，让城市更聪明一些、更智慧一些，是推动城市治理体系和治理能力现代化的必由之路，前景广阔。"①依照习近平总书记的重要讲话精神，衢州在总结农村"村情通"建设经验的基础上，在城市社区开发应用"邻礼通"，在联系企业工作层面开发了"政企通"。通过"村情通""邻礼通""政企通"，衢州织密了基层治理智慧化网络，构建了线上智慧治理共同体。衢州与阿里巴巴集团合作共建中国基层治理数字化研究院，综治十大应用和公安六大应用模块等已在衢州逐步运行，初步形成"雪亮工程＋城市数据大脑2.0"的市域智慧治理体系架构，构建形成"市县大联动中心＋乡镇综合信息指挥室＋村社综治工作站＋村社网格＋群众村情通移动终端"五级贯通的综合指挥平台。同时，衢州还全力推广"村情通＋全民网格"的基层治理模式，全市村情通智能应用平台家庭使用覆盖率达80％以上。2018 年，衢州被中组部确定为全国城市基层党建示范市，被民政部列为全国社区治理和服务创新实验区，衢州"雪亮工程"成为全国标杆。

二、坚持协同创新，完善党建统领共治机制

在推进市域社会治理中，衢州始终坚持大党建统领，把党的领导落实到市域社会治理的各方面与全过程。一方面，通过发挥党的政治引领优势，在战略层面做到统筹整合联动、跨界打通融合、扁平一体高效；另一方面，强化市县整体联动、乡镇（街道）部门条块联动、村（社区）网格干群联动，形成"平时为掌，战时为拳"的治理协同机制。

---

① 《加速创新，让城市更聪明更智慧》，《浙江日报》2020 年 4 月 2 日。

（一）前瞻性思考党建统领基层治理的思路

衢州紧紧围绕"党建统领基层治理"这一主题，夯实基层党组织的基础，充分发挥基层党组织的战斗堡垒作用。通过做深做实"互联网＋政务服务""党建＋治理"两篇文章，衢州着力构建"大党建统领、大联动治理、大数据应用、大融合推进"的治理格局，构建以"网络＋网格""线上＋线下""制度＋技术""公转＋自转""共性＋个性"为主要内容的体系架构，形成执法管理服务"三位一体"、"五治"融合（政治、自治、法治、德治、智治）、"三防"并举（人防、物防、技防）的基层治理思路。

（二）全局性谋划党建统领基层治理的体系与机制

近年来，衢州依靠改革不断创新基层治理的体系与机制。依托"最多跑一次"改革，打造全国营商环境最优城市；依托机构调整，开展乡镇模块化改革；依托"县乡一体、条抓块统"协同治理改革，推进全市域社会治理中心建设；依托"一支队伍管执法""一件事""一体考核"改革，优化基层治理体系。

近年来，衢州构建了"主"字形的党建统领基层治理工作机制。从"三"到"王"到"主"，"三"加一竖变"王"，"王"再加一点变"主"。"三"是"三个三"基层党建工程，主要是实施"三大主体工程"，推进"三个全覆盖"，运用"三大指数"。"王"字形运行机制，主要是以县（市、区）为"顶线"、乡镇（街道）为"中线"、村（社区）网格为"底线"、信息集成平台和联动指挥平台为"竖线"。"主"字形运行机制，要求走好新时期党的群众路线，尊重群众主体地位，激发群众主人翁意识，发挥群众主观能动性，从群众中来、到群众中去，体制内上下打通、条块打通，体制外干群打通、党群打通，让干部深入下去、把群众发动起来，推动管理变治理、民主促民生，真正让人民群众当家作主。

（三）整体性推进党建统领基层治理的路径

坚持政治引领。这是方向引领、根本引领。引领各类组织坚定不移地维护以习近平同志为核心的党中央的权威，在党的领导和中国特色社会主义旗帜下行动，使基层治理始终沿着正确方向健康发展。

坚持组织引领。在乡村治理层面，以农村党组织建设为重点建设党建示范带，开展"领头雁"工程。在社区治理层面，以"红色物业联盟"为抓手，构建城市社区治理新模式。

坚持能力引领。改进年轻干部选拔培养方式。一是拓宽渠道广开进贤之路。注重从高等学校、科研院所、国有企业等企事业单位选拔优秀年轻干部进入党政机关。2013 年、2016 年，衢州两次从北京大学、清华大学、中国人民大学选调优秀毕业生 19 名充实到市级党政机关。探索面向优秀村干部、大学生村官和乡镇事业单位人员选拔乡镇干部，2016 年乡镇换届过程中 82 个乡镇共选拔 334 名"三类人员"进入乡镇班子。按照不少于 15% 的比例每年在大学生村官中定向招录市级机关公务员，每年在选调生中定向遴选一批市级机关公务员。二是增强个性化实践锻炼。开展市县年轻干部"一线历练、火线破难"双百行动，通过选派挂职与选派驻村第一书记、生态指导员、农村指导员到村任职等方式，先后选派 2000 多名优秀年轻干部到基层实践锻炼。按照"缺什么补什么"要求，先后选派 300 多名干部到不同性质、不同行业、不同岗位的领导班子交叉任职。以增强能力、提高水平为目标，先后选派近千名干部到治危拆违、对口援建、处理突发事件、维护社会稳定等矛盾较为复杂、问题较为突出的工作环境中培养锻炼。依托北京、上海、杭州、深圳产业对接办公室和浙江省山海协作平台，选派 200 多名优秀干部到中央国家机关、中央企业和发达地区挂职锻炼。三是改进脱颖而出选拔机制。衢州根据县（市、区）领导班子换届安排，建立了市管后备干部和优秀年轻干部名单，并按照干部成熟度分类管理，把各方面优秀人才及时挖掘出来、使用起来。

2020 年初，面对突如其来的新冠疫情，衢州依托"党建统领＋基层治理"体系深化推出党建治理大防控机制，组建"领导小组＋指挥部"，坚持一个体系、一个口子、一致行动的"三个一"战时机制，实行"专群结合＋联防联控""分工分组负责＋分层分类协调"，以"战时体系、战时指挥、战时运行"应对战时状态,并在"小三联"基础上,深化组团联区块、组团联企业、组团联村社"大三联",进一步将落实"三服务"活动推向新境界。在疫情防控期间,市区两级 203 个部门 2800 多名党员向 58 个社区、300 多个小区报到,"包区清楼",投入一线清楼排查、居家人员硬隔离、小区卡口驻守管控等防疫工作;1.5 万余名志愿者投入各类疫情防控、文明劝导、支援社区、服务企业等工作,筑就一道道阻断病毒传播的铜墙铁壁和坚固防线。

三、坚持民生优先,优化党建统领共享机制

改革依靠人民,改革为了人民。习近平总书记指出:"改革发展稳定任务越繁重,我们越要加强和改善党的领导,越要保持党同人民群众的血肉联系,善于通过提出和贯彻正确的路线方针政策带领人民前进,善于从人民的实践创造和发展要求中完善政策主张,使改革发展成果更多更公平惠及全体人民,不断为深化改革开放夯实群众基础。"①这一论述为新时代共产党人坚持以人民为中心的立场提供了根本遵循。衢州做深做透做细做优、当好答卷人,从群众中来、到群众中去,践行党的群众路线,抓党建、聚人心。

(一)树立"以人民为中心"的发展理念

群众办事从"找部门"到"找政府"。衢州从百姓最需要的地方做起,从百姓最不满意的地方改起,将"无差别全科受理"作为纵深推进"最多跑一次"改革的总抓手,高点定位、系统谋划,按照事项、取号、系统、人员和地域等 5 个方面推进实施。推动部门事项全部进驻行政服务中心,进一步打破板块界限,将原商事登记及证照联办、投资项目审批、其他综合事务等部门专窗继续整合压减,窗口从 60 个减至 24 个。衢州市本级 1368 个政务服务事项,已全部实现"最多跑一次";进驻中

---

① 《习近平主持政治局集体学习:以更大的政治勇气和智慧深化改革》,《人民日报》2013 年 1 月 2 日。

心事项 1336 个,占所有事项的 97.7%;实现"无差别受理"事项 968 个,占进驻中心总事项的 72.5%。

从"线下办"到"线上办"。一是打造"无证明办事之城"。2018 年底,市本级 226 个民生事项已经实现"一证通办",实现率 100%,在全省排第 1 位,172 个涉企事项实现"一照(一码)通办"。二是打造"掌上办事之城"。推动群众办事由"跑多次"到"跑一次"进而"不用跑",由"线下办"到"线上办"进而"掌上办",不断推进技术迭代和服务升级。三是打造"信用示范之城"。衢州作为浙江省信用协同应用试点市,开发建设全市统一信用信息共享平台,全面实现了市县一体、部门一体的数据信息共享共用及信用联合奖惩实施机制,城市信用状况在全国 262 个地级市中排第 9 位,在浙江省排第 1 位。同时,衢州积极探索"信易+"在各领域的应用,推出了"信用就医""信用借书""信用乘车"等服务。

从"重民生"到"优环境"。衢州打破部门行政壁垒和数据壁垒,从"全程服务"角度重塑项目、企业和个人的各项业务流程,让办事者"只进一扇门、只到一个窗、办成整件事",进一步提升群众和企业的办事便利度和体验感,全力打造中国最优营商环境城市。

（二）解决好群众急难愁盼问题

衢州将"最多跑一次"理念向社会治理领域延伸,有力推动"最多跑一地"改革,实现县级社会矛盾纠纷调处化解中心全覆盖,积极践行新时代"枫桥经验"。衢州各县级社会矛盾纠纷调处化解中心积极推行"一站式接收、一揽子调处、全链条解决"运行模式。2020 年第一季度,共受理事件 25485 件,化解办结 25054 件,办结率 98.31%。2021 年,衢州将"县乡一体、条抓块统"改革举措具体化、体系化,在"一件事"集成改革、基层综合执法改革等领域形成了一整套改革体系,打通了纵向职权、横向职能上的诸多治理堵点。

(三)构建"五治融合"基层治理格局

在"政治"方面,衢州以"周二无会日"、"三色"管理为抓手。推行"周二无会日+组团联村(社区)"服务机制,明确每周二市县乡村各级不安排各类会议,1579个服务团全部到挂联村(社区)开展服务工作。2018年,衢州市9097名组团联村(社区)干部共领办任务5.5万多项,已完成3.6万项,完成度达65.5%;累计排查上报隐患信息2.1万余条,化解矛盾纠纷1.8万余起。实施村(社区)干部"三色"管理,持续整顿涣散基层党组织。2018年,衢州共评定出"红色"村(社区)组织124个、"黄色"107个、"灰色"8个;评定出"红色"村(社区)干部501人、"黄色"490人、"灰色"180人,其中"歇职教育"490人,免职、责令辞职、罢免、长期歇职等180人,40人受到党纪处分,18人因涉嫌违法犯罪被移交有关机关处理。

在"自治"方面,衢州以城市物业联盟、农村红色网络联队来助推。1500多个基层党组织与1100多个社区(小区)结对,3万多名机关党员干部到小区网格党支部报到,参与共建共治共享。

在"法治"方面,衢州以平安衢州、扫黑除恶、网格化立法来推动。衢州坚持用法治规范社会行为、引领社会风尚,用法治思维破解治理难题。依法治市已成为衢州核心竞争力的重要组成部分。衢州充分利用地方立法权,先后出台《衢州市市区电动自行车管理规定》《衢州市电梯安全条例》《衢州市烟花爆竹经营燃放管理规定》《衢州市物业管理条例》等法规规章。2019年1月1日,正式实施全国首部网格化服务管理地方性法规,这是近年来衢州党建统领基层治理特色做法的制度性成果,意味着衢州社会治理的法治环境进一步优化。

在"德治"方面,衢州以"有礼"城市、文明城市创建来助推。开化县东坑村多年来"以孝治村",改变了民风村风;丰盈坦村坚持"以礼治村",净化了党风民风。

在"智治"方面,衢州依托"最多跑一次"改革、"县乡一体、条抓块统"改革、数字化改革等,以改革赋能基层治理智能化建设,已经形成"一中心四平台＋基层全科网格"的基层治理体系框架,打通了县、乡镇(街道)、村(社区)之间的纵向联系和部门与部门之间的横向联系,搭建了纵向与横向的网络化协同机制,形成了以"邻礼通""村情通""政务通"为载体的基层服务终端,实现了政务、村务等的"一网通办""一网通解"。

第三节　造就高素质干部队伍,强化党建统领保证

衢州牢固树立"抓好党建就是最大政绩"的理念,强化落实基层党建工作责任制,加大党建制度改革力度,改进基层党建工作管理机制,把全面从严治党落实到每个党支部、每名党员。对标"忠诚干净担当"要求,坚持从严管理干部、从优关爱干部,建立健全干部能上能下机制,加大"三不"干部处理力度,着力打造过得硬、打胜仗的"狮子型"干部队伍。严格落实中央八项规定精神、省委"28 条办法"和"六个严禁","四风"积弊得到有效整治。扎实推进纪律检查体制改革,运用好"四种形态",推动"两个责任"落地生根,党员干部党章党规意识得到强化,反腐倡廉向纵深推进,努力营造风清气正的政治生态。在锻造一支"铁军"方面,衢州始终没有放松。

一、以政治锤炼为先导,培养忠诚干部

忠诚,是党员的"身份证",是党性的集中体现,是党员干部的为政之魂,是永不褪色、历久弥新的本色。"天下至德,莫大于忠。"(《忠经》)忠诚是构成一个政党、一个团体、一个组织凝聚力、战斗力的前提和基础,是一个政党生存和发展的灵魂。党员干部必须坚守对党忠诚这条"生命线",挺起理想信念这个"主心骨",牢固树立政治意识、大局

意识、核心意识、看齐意识，坚定正确的政治方向，始终对党忠诚，任何时候都与党同心同德。

（一）提升政治判断力、政治领悟力、政治执行力

习近平总书记指出："各级领导干部特别是高级干部必须立足中华民族伟大复兴战略全局和世界百年未有之大变局，心怀'国之大者'，不断提高政治判断力、政治领悟力、政治执行力。"[①]衢州将政治判断力、政治领悟力、政治执行力作为各级领导干部的政治素养提升的重点。提升政治判断力，要求各级党员领导干部在原则、立场问题上，在大是大非面前，在各种困难复杂的局势下，始终保持清醒的政治头脑，始终坚持以马克思列宁主义、毛泽东思想、邓小平理论、"三个代表"重要思想、科学发展观、习近平新时代中国特色社会主义思想为指导，认清形势、把握趋势，保持共产党人的本色，增强"四个意识"、坚定"四个自信"、做到"两个维护"。提升政治领悟力，就是保持理论上的清醒。衢州要求各级干部吃透"上情"、掌握"下情"、研究"实情"，真正胸怀"两个大局"、心系"国之大者"，对贯彻新发展理念、构建新发展格局、推动高质量发展心中有数、手中有策、肩上有责。提升政治执行力，就是提升抓落实的能力。对党绝对忠诚不是空洞的口号、高调的表态，它重在落实，要用行动来体现、用成效来检验。衢州以政治执行力为重点，不断强化各级领导干部的责任意识、使命意识，要求各级领导干部始终做到守土有责、守土负责、守土尽责。

（二）立体化提升干部政治素养

衢州通过政治体检常态化、政治历练经常化、政治监督严格化，立体化提升干部政治素养。衢州深入开展政治把关和政治素质考察，列出政治忠诚、政治定力等 5 个方面的正向指标和政治站位不高、对党忠诚不够、理想信念不牢、担当斗争不足等 10 条负面清单，让政治素

---

① 《深入学习贯彻党的十九届五中全会精神　确保全面建设社会主义现代化国家开好局》，《人民日报》2021 年 1 月 12 日。

质考察的导向鲜明起来,激励广大干部敢于担当、敢于斗争;抓住关键节点加强政治历练,把加强换届后的新班子的思想淬炼、政治历练、党性锤炼、实践锻炼作为重点,学深悟透习近平新时代中国特色社会主义思想,发挥好党校主阵地作用,注重在重大斗争中检验干部"政治三力";从严落实落细政治监督,建立"两专赛马、亮剑比拼"交流平台,持续激发各级领导班子干事热情,激励各级领导班子在比学赶超的赛道上提升政治能力。

(三)强化政治示范引领作用

衢州以"国之大者"的担当,不断深化自身建设,努力做到带头讲政治、守规矩,始终对党绝对忠诚。一是加强自身建设。2017 年 3 月,中共衢州市第七届委员会举行第一次全体会议,审议通过《中共衢州市委关于加强自身建设的决定》。2022 年,衢州市委常委会提出,要切实加强自身建设,忠诚履职尽责,争当"八个表率"。二是抓住"关键少数"。衢州以县处级领导为重点,突出维护力、引领力、担当力、服务力、廉洁力的"五强"领导班子建设,着力锻造忠实践行习近平新时代中国特色社会主义思想的坚强领导集体。三是充分发挥党员干部先锋作用。衢州以"有礼先锋"党建服务品牌建设为载体,创立了 90 多个机关党建品牌;在"两新"党建领域,打造行业系统机关党建示范点 120 个,共设立 2.3 万个党员责任岗、1.8 万个党员先锋岗、7400 个党员攻关岗。通过党员进社区、党员联户等形式,加强了党员与村社的联系。在疫情防控、重大活动中,党员干部的先锋模范作用得到充分发挥。

二、以能力提升为抓手,培养担当干部

党的二十大报告指出:"全面建设社会主义现代化国家,必须有一支政治过硬、适应新时代要求、具备领导现代化建设能力的干部队伍。"锻造一支政治过硬、本领过硬,堪当现代化建设重任的干部人才队伍是地方建设发展的重要组织保证。

（一）大力推动干部队伍工作系统性重塑

2021年，衢州深入实施"两专工程"，全面提升干部队伍的专业技术能力、专业科学精神。制定出台《关于全面实施"两专工程"提升党员干部队伍推进现代化建设新能力的实施意见（试行）》，实施素养提升、大成集智、一线锻炼、导师帮带、战略储备、源头拓展、赛场选马、数字赋能、考核评价、保障激励等"十大行动"，进一步健全完善干部选育管用的工作链条。建立紧缺专业目录，招录城市建设、金融投资、数字经济等急需紧缺专业公务员468名，占新录用公务员总数的86.6%。建立1000名专业干部库，"一人一档"跟踪管理。开展干部"千堂万人"大轮训，选派150名干部参加由省委组织部、省委党校以及省级有关部门组织的专题培训，共参加31期，市县联动统筹培训干部15813人次。选派370名优秀干部到城市未来社区建设专班、浙西航空物流枢纽项目专班、"世界围棋圣地"建设专班等工作专班一线实践锻炼。安排20名科级以上干部到中直和省直专业部门、省级重点平台、长三角发达地区等挂职锻炼，推动干部主动融入大都市区建设等省域发展战略。常态化选派干部到招商引资、对口支援、疫情防控等经济社会发展主战场摔打锤炼，重塑招商工作体系，举办"两专工程"招商引资实训班，组织市县200名专业招商干部赴北京、上海、杭州、深圳等地开展"双招双引"，实现锻炼干部与服务保障中心工作同步推进。建立实战实绩考核机制，每季度组织开展各县（市、区）、市直部门、乡镇（街道）工作交流会，分层分级举行"两专"擂台赛，22名在"赛马"比拼中表现突出的干部被提拔重用，95名表现优秀的干部获得记功嘉奖、通报表扬并列入干部储备名单。改进完善公务员日常考核工作，推广"四维考评"等做法。聚焦干部队伍存在的"庸、懒、散、慢、推、拖"等现象，明确30条负面清单，深入开展"两专"不过硬问题专项整治，推动整改重难点问题150余个。结合市直部门届末考察，对全市77家单位进行"两专"建设情况督查，并逐一反馈存在的问题。严格落实市委、市政府"两专"反面典型通报机制，通报反面典型 14 个。

（二）在实战中检验干部能力

衢州积极探索在实践一线锻炼与检验干部。2018 年以来，衢州在农民建房风貌提升、全域土地综合整治、土地征迁项目推进、基层社会平安稳定、全国文明城市创建等中心工作中实战检验考察干部。例如，高铁新城征迁是衢州历史上最大规模的城市征迁——12.6 平方公里一次性全征全迁，衢州采用"党建＋征迁"模式，充分发挥组团联村（社区）作用，仅用 3 个月时间就完成了土地征收任务，1626 户房屋征收签约率已经超过 99％，而且整个过程高效平稳有序。柯城区通过"网格支部＋红手印"开展农房整治，党员按下"红手印"，带头拆违治乱，15 个乡镇（街道）的 1170 名村（社区）主职、"两委"干部所涉违建和附属房实现全面清零。衢江区上岗头村原来的环境"脏乱差"，通过把"三个三"基层党建工程和"一户多宅"整治等中心工作结合起来，治村与治人同步，治好了村庄环境，也净化了治理环境。此外，在全国文明城市创建中，衢州结合打响"南孔圣地·衢州有礼"城市品牌，提出打造"一座最有礼的城市"，特别注重激发群众主人翁意识，全面发动、全民参与，以创促建、以创促治，创建为民、创建靠民、创建惠民，制定了《衢州有礼市民公约》《衢州有礼村民公约》，让每个市民都成为"文明眼"、成为文明城市创建的参与者。

（三）在改革中增强干部队伍活力

在机构改革中释放干部队伍活力。2019 年浙江省机构改革动员大会召开后，衢州第一时间部署推进，2 天完成新组建部门集中挂牌，5 天完成领导班子配备，10 天内 27 家涉改部门 1240 名人员全部转隶，20 天内完成近 300 间办公用房调整，50 天内完成市县乡"三定"方案制定，在全省率先完成改革任务。出台包括选拔重用一批优秀年轻干部在内的"八个一批"政策意见，按照开展年轻干部调研等"八个步骤"，有序推进机构改革人事调整。在机构改革中，全市调整干部 295

人，提拔重用干部124人，充分体现了政治导向、担当导向、基层导向和选用年轻干部导向。

在交流并进中提升干部队伍活力。2019年，衢州共跨区域、跨部门交流调整科级干部511人，带动实现市直部门单位内部轮岗交流科级干部630多人，有力推动了干部资源科学配置和合理流动。衢州在全省乃至全国率先组织开展政法系统科级干部跨部门跨区域交流，一次性安排214名干部进行集中交流，整个过程组织严密、平稳有序，充分体现了党对政法工作的绝对领导；同时，在交流中明确了好的政治生态、好的用人导向、好的班子结构、好的培养机制，打破了系统内封闭运行的困局，从源头上防范了岗位风险。

在深化改革中激发干部队伍活力。近年来，衢州以全市域推进"县乡一体、条抓块统"改革为抓手，激发治理新活力。在这些改革试点工作中，衢州积极探索专班工作制。2021年以来，衢州聚焦"规范运行"和"内部优化"两个目标，坚持"因事而设"，聚焦中心任务、重大改革、重大项目，及时"建撤转并调"组建专班82个，抽调专班干部800多人。建立专班月度分析研判机制，每月对专班和专班干部、派出单位、配合单位表现进行分析研判，排出"两头干部"，加大通报反馈、成果运用力度。全市323名专班干部得到提拔重用或职级晋升，56人次被记功嘉奖。

三、以制度完善为保障，培养干净干部

全面从严治党，关键是从严治吏。只有下猛药，才能真正去沉疴。衢州持续推进"大整风十大行动"，"十条军规"掷地有声地颁布执行；通过持续发布正反典型，构建起"严管＋厚爱""激励＋约束"机制，激发干部干事动能。同时，衢州建立尽责豁免、澄清正名机制，为干事者撑腰、为担当者担当。最大限度融合政治导向、干事导向、用人导向，让想干事、会干事、能干事的干部有舞台、有平台。落实好一揽子抓人

促事政策制度体系，努力锻造一支忠诚干净担当的衢州"铁军"。

（一）不断完善全面从严治党制度

党的十八大以来，衢州市委始终把抓好党建作为最大的政绩，针对"为官不为"问题，相继出台了《衢州市党政领导干部履职问责办法（试行）》《衢州市调整不适宜担任现职领导干部实施办法（试行）》等文件，在全市开展"为官不为"专项整治行动，严肃问责处理了一批不能为、不想为、不敢为的干部。党的十九大召开后，面对新时代党的建设总要求，衢州又重点聚焦领导干部政治意识、责任意识和担当意识，对"为官不为"情形进行深化细化，更加突出政治标准，更加注重责任担当，更加强调作风要求。如 2017 年，针对严肃会风会纪问题，专门出台了《关于严格会议期间手机使用管理的通知》，明确提出开会时手机静音、不看手机、不接听、不发信息、不拍照录音、不玩手机的"六个不"纪律要求。

（二）不遗余力加大制度执行力度

衢州市委坚决贯彻《干部选拔任用工作监督检查和责任追究办法》，持续从严加大干部队伍监督管理力度，进一步织牢织密制度笼子，努力营造风清气正的选人用人环境、山清水秀的政治生态。

狠抓省委选人用人专项检查组反馈的 5 个方面 14 项问题整改，对 19 人次进行问责处理。市县联动深入整治省委巡视反馈问题，深入推进选人用人相关的 4 个专项整治，排查发现干部不担当不作为问题 62 件次，问责处理不担当不作为干部 79 人次。

严格落实新修订的《干部任用条例》《干部选拔任用工作监督检查和责任追究办法》，重视加强对"关键少数"特别是一把手的监督。严格实行领导干部干预和插手重大事项留痕管理，不断健全市县联动、部门协同、信息共享的干部大监督机制，真正以全面从严治吏保障全面从严治党，让群众从政治生态好转中不断增强获得感。

(三)坚持不懈营造风清气正的政治生态

政治纪律和政治规矩更加严明。衢州各级领导干部带头示范，做政治上的"明白人"，把政治纪律和政治规矩挺在前面，牢固树立非义不取的名利观、实干立身的进步观，做到既要廉政更要勤政、既要干净更要干事、既要谨慎更要担当，以自身的影响力和感召力推动形成风清气正的政治生态。

作风建设更加深入。衢州各级党组织时刻把作风建设摆在重要位置、有机融入日常工作，抓住"为官不为"等突出问题开展专项整治，加大执纪监督、公开曝光力度，督促各级干部严守从政底线，心存敬畏、谨慎用权，逐步形成"能者上、平者让、庸者下"的用人风气。一是强化日常监督。衢州坚持用制度治党、管权、治吏，2015年，在全省率先出台《关于进一步加强领导班子和领导干部从严监督管理的若干意见》，全方位扎紧制度笼子。突出关键岗位和重点领域干部，加强对一把手行使权力的监督，加大领导干部个人有关事项报告、抽查、核查力度。从严落实干部日常监督管理，坚持预防为主、抓早抓小，综合运用干部考察考核、经济责任审计、个人有关事项报告、信访举报等成果，不断增强提醒、函询、诫勉的针对性和实效性。二是坚持正向激励。2016年，衢州出台《关于支持改革创新建立容错免责机制的实施办法(试行)》，旗帜鲜明地为敢于担当、踏实做事、不谋私利的干部撑腰鼓劲，积极营造支持改革、鼓励创新、宽容失败的良好环境。三是关心关爱基层。制定规范县乡领导干部提前退出领导岗位工作的办法，调动各年龄段干部工作的积极性。开展常态化谈心交心，推行"向组织说说心里话"。落实健康体检、带薪年休假和职工疗休养制度，以市委党校为平台开展心理健康促进工作。落实县以下机关公务员职务与职级并行制度、乡镇干部"两个20%"待遇等关爱措施，为基层干部特别是乡镇干部创造良好的工作和生活条件。

展　望

2021 年 5 月，中共中央、国务院印发《关于支持浙江高质量发展建设共同富裕示范区的意见》，赋予浙江重要示范改革任务，支持浙江先行先试、作出示范，为全国推动共同富裕提供省域范例。这在浙江改革发展史上具有里程碑意义。衢州坚持以习近平新时代中国特色社会主义思想为指导，全面学习贯彻党的二十大精神，深入贯彻落实习近平总书记对衢州工作的重要指示精神，忠实践行"八八战略"、奋力打造"重要窗口"，高质量发展建设共同富裕先行示范窗口，全力打造四省边际中心城市，为共同富裕美好社会建设先行探路、创造经验。

《衢州市国民经济和社会发展第十四个五年规划和二○三五年远景目标纲要》和衢州市第八次党代会报告充分展现了衢州忠实践行"八八战略"、奋力打造"重要窗口"的担当意识，未来，衢州要始终锚定"高质量发展建设四省边际共同富裕示范区"战略目标，紧紧围绕"四省边际中心城市"战略定位，牢牢把握"工业强市"战略路径，牢记重要嘱托、加快追赶跨越，聚焦共同富裕示范区建设的重点、难点、关键点，着力在经济建设、政治建设、文化建设、社会建设和生态文明建设等领域取得新突破，在市域范围内为浙江共同富裕示范区建设贡献衢州力量。

一、努力打造浙江经济高质量发展重要增长极

未来五年，衢州将在壮大经济实力上实现新突破。全市生产总值

突破2800亿元,现代产业体系加快建立,战略性新兴产业支撑作用更加明显,科技创新逐步成为经济社会发展主要驱动力,交通发展成为区域开放协同的主要牵引力,主要经济指标增速位居全省前列,经济总量占全省份额稳步提高,成为全省经济新的增长点。

（一）产业优化升级,打造更具活力的现代产业体系

新兴产业和未来产业培育发展加快。美丽经济幸福产业持续壮大,四省边际超算中心建成,加快形成数字资源驱动产业发展、数字经济引领经济发展的新格局,努力打造全国数字经济第一城副中心城市,构建一批具有地方特色的战略性新兴产业集群。

制造业向高端化转型发展。加快培育新材料和现代产业集群,推进中国电子化学材料产业园、华友锂电新材料国际产业园等平台型重大产业项目落地,打造"千亿级规模、百亿级税收"的高能级战略平台,加快建设四省边际产业数字化赋能中心,推动产业数字化改造提升。

现代服务业提升发展。中心城市服务业设施配套和功能布局进一步优化,现代服务业与先进智能制造业、绿色生态农业深度融合,现代物流、绿色金融、信息咨询的辐射力、服务力极大提升,生活性服务业向精细化和高品质转变。

（二）畅通发展双循环,加快融入新发展格局

持续扩大有效投资,聚焦重点领域、重大战略、重要短板,围绕"重大交通基础设施＋重大公共服务配套设施""大花园＋大平台""目的地＋集散地",加快重大项目建设。持续促进消费提质升级,通过建设四省边际汽车交易中心、支持发展消费新模式等措施提升传统消费,培育新型消费。持续推动开放型经济发展,创建中国（浙江）自由贸易试验区衢州联动创新区,大力推进跨境电商综试区建设,培育跨境电商市场主体,构建便捷高效的跨境电商服务体系,形成高质量的跨境电商特色产业集群。

（三）坚持创新驱动发展，提升区域发展竞争力

加快构建科创平台体系，深化校地合作体制机制创新，搭建政府创新集成服务平台，整合全市创新资源，加快建设浙西科创走廊。建强高素质人才队伍，深化落实人才工作体系，大力实施"揭榜挂帅"等制度，健全以实绩论英雄、跟能力相匹配、与贡献相挂钩的人才激励体系，打造衢州"蓝领"品牌，培养新时代衢州工匠。强化企业创新主体地位，完善科技创新治理体系，实施新一轮"双倍增"行动计划和"双百"科技型中小微企业"登高计划"，引导和支持企业加大研发投入，进一步增强企业创新能力。

（四）用好政府和市场"两只手"，打造中国营商环境最优城市

持续完善以绩效为核心的集中财力办大事财政政策体系和资金管理机制，深化预算管理制度改革，防范化解地方政府隐性债务风险，有效转变财政支持经济发展方式，全面提升财税金融支撑保障能力。全面落实市场准入负面清单制度，完善投资者权益保障机制，落实规范性文件合法性审核和公平竞争审查制度，加强信用监管、风险预警监管，构建公正依法、充满活力的市场环境。建立健全"最多跑一次"政务服务标准体系，建立智能审批全流程电子化管理机制，全面打造闭环式全程服务、体系化联动服务、滴灌式精准服务、数字化智慧服务的"三服务"2.0版，推进营商环境便利化改革迭代升级。

二、努力打造中国市域社会治理现代化示范市

"十四五"时期，衢州的政治生态更加优化，社会主义民主法治更加健全，"整体智治、唯实惟先"的现代政府基本建成，党建统领的"四治融合"基层治理体系基本形成，"县乡一体、条抓块统"高效协同治理格局率先构建，重大风险防范化解能力、防灾减灾救灾能力显著增强，现代应急体系基本建成，平安建设体系更加完善，发展安全保障更加有力，成为中国市域社会治理现代化示范市和基层治理最优城市。

(一)坚持党建统领基层治理

深化提升"主"字形体系架构、"王"字形运行机制,做优市县一体顶线,做强乡镇(街道)中线,做实村(社区)网格底线,做畅联动指挥竖线,迭代深化"三联工程"、"周二无会日"、村(社区)全科网格(乡村振兴讲堂、党群服务中心、农村文化礼堂)、乡镇(街道)"四个平台"(综合信息指挥室、大模块)、县级社会治理中心(矛盾调解中心、大联动中心)、"三通一智(治)"、三级钉钉群等,进一步强化组织体系、时空载体、技术支撑三大保障,着力推动党的全面领导落实到现代化城乡治理的方方面面。

(二)聚焦"一件事"完善基层治理体系

以"一件事"为切入口,着力形成党建统领的"四治融合"现代基层治理共同体。通过数字赋能、业务协同、流程再造,推进基层治理"一件事"集成改革,实现部门之间、县乡之间的协同,促进跨部门、跨领域、跨层级全链条联动,实现所有事项全覆盖。推进"大综合一体化"行政执法改革,优化配置执法资源,推动执法职责、执法力量进一步向乡镇(街道)集中和下沉,组建乡镇综合执法队伍,实行跨区域"1+X"执法模式。强化数字赋能实现"一网智治",构建县乡一体人事匹配库,创建"三通"场景化融合应用,赋能全域多业务高效协同,推动指挥中心"一站集成"、治理信息"一网归集"、事件处置"一体协同"、治理数据"一数多用"。

(三)高水平建设平安衢州

继续完善平安建设体系,建立公共安全隐患排查和安全预防控制体系,防范和化解各种风险隐患,保障人民生命和财产安全。加强和创新网络综合治理,完善重大决策社会风险评估机制,健全源头防控、排查梳理、纠纷化解、应急处置的社会矛盾综合治理机制,维护社会稳定和安全。增强"雪亮工程"效能,提升社会治安立体化、智能化防控水平。深化"最多跑一地"改革,健全领导干部接访下访制度,完善信访制度,推进"无信访积案县"全覆盖。

三、努力打造四省边际文化文明新高地

衢州坚持以社会主义核心价值观为引领,按照"让南孔文化重重落地"的指示,做深"文化＋文明"文章,推动形成适应新时代要求的思想观念、精神面貌、文明风尚、行为规范,打造四省边际文化文明新高地。

(一)构建大善大美的人文环境

全市域体系化高质量推进"8090新时代理论宣讲"工作,打造党的创新理论大众化示范区。加强"八八战略"衢州实践的理论解读,推动哲学社会科学事业发展。深化"八个一"有礼系列行动,推动社会主义核心价值观日常化、具体化、形象化、生活化,争创全国文明城市典范城市,实现全国县级文明城市创建新突破。加强家庭家教家风建设,广泛开展志愿服务活动,构建市县乡村四级新时代文明实践体系。

(二)提升文化特色化创新性发展水平

深化文化体制改革,加快构建现代文化产业体系,大力推动"两子"文化创造性转化、创新性发展。融通南孔古城复兴和南孔文化复兴,推进农村文化礼堂、南孔书屋、农家书屋建设,提升公共文化服务水平。推进文体农旅深度融合,全方位接轨钱塘江诗路文化带、之江文化产业带建设,深入挖掘江山千年古道等优秀传统文化和开化红色革命文化,努力成为"诗画浙江"中国最佳旅游目的地和世界一流生态旅游目的地。支持柯城区建设国家级运动休闲旅游度假区,支持常山县建设四省边际文旅融合创新示范区。大力发展围棋文化,制定实施围棋文化促进条例,建设国际围棋文化交流中心、烂柯围棋文化园,打造世界围棋圣地。以创建国家全民运动健身模范市为统领,以项目、赛事、场地、产业、政策等五大体系为抓手,积极探索可持续发展的道路。

（三）持续打响"衢州有礼"城市品牌

完善"南孔圣地·衢州有礼"城市品牌共建共享机制,构建市县联动"衢州有礼"城市品牌体系。规范城市品牌使用管理,强化城市品牌场景应用,推进城市品牌有效转化,提升城市 IP 形象辨识度。深入挖掘南孔文化内在价值,开发特色文创产品、研学游线路、动画作品等,进一步提升有礼之城的影响力、知名度和美誉度。大力推进全民阅读,打造"阅读有礼·书香衢州"品牌。

四、努力打造全国一流社会生活栖居地

衢州将在改善人民生活上实现新突破,推动共同富裕的体制机制基本建立,城乡居民人均可支配收入达到全省平均水平的 90% 以上,城乡居民收入倍差缩小到 1.75 以内,以中等收入群体为主体的橄榄型社会结构基本形成,人的全生命周期公共服务优质共享基本实现,新时代衢州人文精神全面塑造,成为物质富裕精神富有样板地。

（一）以更加充分更高质量就业促增收

强化就业优先政策,完善职业技能培训制度,构建多元化实训平台,提升劳动者技能水平和就业能力。统筹做好高校毕业生、退役军人、就业困难人员等重点群体就业,拓宽灵活就业渠道,实施零就业家庭动态清零。开展人力资源跨区域合作,探索建立四省边际人力资源合作联盟。完善创业扶持政策体系,推进大学生创业园、返乡创业基地高质量建设,以创业带动就业。健全就业公共服务体系,加快建设人力资源服务产业园,深化高质量就业村(社区)建设。深化收入分配制度改革,落实高层次人才工资分配激励政策,完善企业工资收入分配机制,健全最低工资与经济增长联动机制,多渠道增加居民财产性收入。

（二）加快教育现代化

全面落实立德树人根本任务,健全学校、家庭、社会协同育人机

制,促进学生德智体美劳全面发展。加强教育事业规划和资源管理的市域统筹,实现市县"一盘棋"整体谋划、整体推进。高质量普及学前至高中段 15 年教育,普及普惠发展学前教育,优质均衡发展义务教育,多样特色推进普高教育,统筹改革发展职业教育,全面提升基础教育水平。提升高等教育发展水平,支持衢州学院加快建设高水平应用型大学,争取设立衢州大学;支持衢州职业技术学院高水平专业群、高水平院校"双高"建设,高水平建设衢州职业技术学院新校区(四省边际职教中心),推动四省边际职业培训联盟发挥更大作用,加快建设四省边际职业教育桥头堡。全面普及残疾儿童少年 15 年免费基础教育,支持和规范民办教育发展,统筹成人学校教育资源,建好开放大学,发展"互联网＋教育",构建全民终身学习体系。全方位加强教师队伍建设,打造高素质、专业化、创新型人才队伍。全面实施教育评价改革,优化完善教育生态,持续加大教育投入保障,加强教育基础设施建设,提升教育信息化水平。

（三）加快卫生健康现代化

深入实施"健康衢州"行动,推进卫生健康事业从"以治病为中心"向"以健康为中心"转变,加快构建全方位、全生命周期健康服务体系。加强公共卫生体系建设,完善疾病预防控制体系和重大疫情防控机制,增强传染病疫情与突发公共卫生事件预警和处置能力。深化医药卫生体制改革,强化"三医联动""六医统筹"改革,健全现代医院管理制度和分级诊疗制度。健全优质高效的整合型医疗卫生服务体系,持续深化县域医共体建设、试点城市医联体建设,深化浙大衢州高水平医联体建设。推进优质医疗资源扩容,加快生命科学小镇建设,高质量建成四省边际中心医院,建设高水平中医医院,推动高端医疗卫生科创平台发展,积极推进与温州医科大学、浙江中医药大学等市外医学院校和树兰医院等高端医疗机构合作办学办医,做强品牌学科和特色专科,建设"医学高峰",努力打造区域医疗中心。全面加强高端医疗人才和基层全科医生队伍建设,持续提升医疗卫生服务水平。推进中医药传承创新发展,扩大杨继洲针灸等传统特色医学影响力,加快发展中医药产业和健康养生业。健全"互联网＋医疗健康"服务体系,积极推进掌上数字健康服务。持续深入开展爱国卫生运动,普及全民应急救护知识和技能。

(四)健全多层次社会保障体系

健全社会保险制度,推动社保应保尽保,实现法定人群社保全覆盖。健全多层次养老保险体系,完善企业年金、职业年金制度,建立个人养老储蓄制度,建设多层次工伤保险制度体系。完善灵活就业人员社保制度,健全退役军人工作体系和保障制度,落实被征地农民参保政策。完善社会保障待遇调整机制,建立社保基金可持续运行机制,加强社保基金安全监管和风险防控。坚持保基本、全覆盖,优化医疗保障结构,健全重大疾病医疗保险和医疗救助制度,发展商业补充保险。改革完善社会救助制度,切实保护妇女儿童合法权益,健全老年人、残疾人关爱服务体系,大力发展社会福利和慈善事业。持续推动人口结构优化和素质提升,全面落实积极应对人口老龄化国家战略,加快完善养老服务体系,创成世界长寿之都。

(五)实施低收入群体同步基本实现现代化行动

完善低收入群体精准识别和动态管理机制,加强帮扶政策有效统筹和系统集成,加大旅游帮扶、电商帮扶、来料加工等产业帮扶力度,提升增收能力,拓宽增收渠道,加快形成先富帮后富、推动共同富裕的格局。加强城乡居民社会保障与救助制度有效衔接,实现低收入群体医疗补充政策性保险全覆盖。凝聚各方力量,动员社会组织、企业参与结对帮扶工作,继续做好东西部扶贫协作、对口支援、对口合作工作。

五、努力打造诗画浙江大花园最美核心区

拓宽"绿水青山"向"金山银山"转化的通道，高质量高水平建设"绿水青山就是金山银山"实践创新基地和国家生态文明建设示范市，努力将衢州建设成为新时代生态文明建设的全国标杆。

（一）持续提升生态环境质量

打好生态环境巩固提升持久战，建设天蓝地绿水清美丽生态环境。持续推进"五气共治"，推进污染物多领域协同控制和全域化综合治理，完善空气质量监测监控体系，深化数字化治气工作，推动细颗粒物和臭氧"双控双减"，实现区域性恶臭异味污染清零。深化"五水共治"，加强水资源保护和优化配置，谋划实施大型水库连通供水工程，推进"污水零直排"2.0版建设，加快河湖生态修复提升，建设美丽河湖、幸福水岸。提升流域水旱灾害防御、城市防洪排涝能力，建设全国水生态文明城市。强化建设用地土壤污染风险管控和农用地分类管控，推进污染地块治理修复，深入实施重金属污染整治和减排，全过程防控土壤环境风险。完成全域"无废城市"创建，深化垃圾分类和减量化、资源化，治理白色污染。加强自然保护地建设，推进森林、河流、湿地生态修复，持续推进生物多样性保护工作。深化国土绿化美化、一村万树行动，推进森林城市群建设。全力打好生态环境巩固提升持久战，持续实施蓝天、碧水、净土、清废"四大行动"，大力推进生活垃圾治理，让蓝天白云、绿水青山成为常态。

（二）大力推动高质量绿色发展

推进生产方式的绿色低碳循环化改造，加强绿色产业平台建设，深化国家循环经济示范城市和资源循环利用示范基地建设，建立健全绿色低碳循环发展的生态经济体系。优化工业用能结构和方式，落实"能源双控"制度，促进能源资源向工业高技术、高效率、高附加值领域转移，推动产业结构绿色化升级。加快绿色技术创新，压减淘汰落后

产能,严格实施节能、节水、节地、节材、节矿标准体系。完善生态资产核算制度,建立 GEP 和 GDP 双评价体系,争创生态产品价值实现机制试点,探索多元化、市场化的生态产品价值实现机制。支持开化县全面建设现代化国家公园城市,争当"两个先行"山区奋勇探路者。

(三)不断完善生态保护体制机制

加强国土空间治理,严守生态保护红线、永久基本农田、城镇开发边界等空间管制控制线。构建系统化生态环境治理制度,统筹"三线三区",强化以"三线一单"为核心的分区管控体系。完善环境保护、节能减排约束性指标管理,健全自然资源资产产权制度。深化市场化、多元化生态补偿机制,扎实推进碳排放权交易市场建设。制定实施二氧化碳排放达峰行动方案,创建近零碳排放示范区。健全生态环境保护责任体系,深化河长制、湖长制,推行林长制。强化生态环境保护综合行政执法能力、环境监测能力建设,完善环境污染问题发现、风险预警和应急处置机制,提升生态环境风险管控能力。大力倡导绿色低碳生活,推广绿色消费、绿色出行、绿色建筑等新风尚。

六、努力打造具有衢州辨识度的党建金名片

党的全面领导落实到各领域各方面的高效执行体系全面形成,全面从严治党持续推进,清廉衢州全面建成,政治生态风清气正,中国特色社会主义制度优势充分彰显,在更高层次上打造具有衢州辨识度的党建金名片,为共同富裕先行示范窗口、四省边际中心城市建设提供坚强有力的组织保障。

(一)提高党领导经济社会发展的能力和水平

深入学习贯彻习近平新时代中国特色社会主义思想,增强"四个意识"、坚定"四个自信"、做到"两个维护",不断提高政治判断力、政治领悟力、政治执行力,确保习近平总书记重要指示精神和党中央、省委决策部署高效落地。深入学习运用中国共产党一百年的宝贵经验,教

育引导广大党员干部坚持共产主义远大理想和中国特色社会主义共同理想，不忘初心、牢记使命。认真贯彻执行民主集中制，健全党委议事决策机制，更好发挥市委改革委、市委财经委等议事协调机构作用。全面推进党政机关整体智治，构建市县一体、部门协作、政银企社联动的协同高效运转机制，落实争先创优工作机制。始终坚持党建"三个用来"，加强党对经济社会发展各领域各方面各环节的全面领导，确保党的领导上下贯通、执行有力。落实全面从严治党责任制和意识形态责任制，提高党的建设质量。全面贯彻新时代党的组织路线，深入实施"组织力提升工程"，把各领域基层党组织建设成为坚强的战斗堡垒。

（二）推进社会主义政治建设

坚持和完善人民代表大会制度，加强人大对"一府一委两院"的监督。坚持和完善中国共产党领导的多党合作和政治协商制度，充分发挥民主党派、工商联和无党派人士作用，加强人民政协专门协商机构建设，提高建言资政和凝聚共识水平。完善大统战工作格局，健全同民主党派人士、党外知识分子、非公有制经济人士、新的社会阶层人士的沟通联络机制，健全民族宗教工作机制，加快少数民族事业发展，创新完善新时代侨务工作机制，进一步凝聚人心、凝聚共识、凝聚智慧、凝聚力量。发挥工会、共青团、妇联等人民团体作用，把各自联系的群众紧紧凝聚在党的周围。健全群众自治制度，增强群众自我管理、自我服务、自我教育、自我监督实效。完善国防动员体系，大力支持国防和军队现代化建设，持续深化双拥共建，巩固军政军民团结。

（三）扎实推进法治衢州建设

深入贯彻习近平法治思想，统筹推进科学立法、严格执法、公正司法、全民守法。加强地方立法工作，进一步提高立法的质量与效率，抓好城乡网格化服务管理条例、文明行为促进条例等地方性法规实施。深入推进司法体制改革，完善监察权、审判权、检察权运行和监督机制,加快构建规范高效司法监督体系,不断提高司法公信力。高质量推进法治政府建设,严格规范重大行政决策制定和执行,加强行政争议预防和化解,构建职责明确、依法行政的政府治理体系。建设覆盖城乡的公共法律服务体系,实施全面普法,促进全民守法,建设法治社会。

(四)深入推进清廉衢州建设

以全面从严治党为主线,统筹推进清廉单元建设,推动主体责任和监督责任同向发力,营造干部清正、政府清廉、政治清明、社会清朗的政治生态和良好发展环境。做深做实"365监督在线"工作机制,持续推动政治监督具体化、常态化、可视化。始终坚持严的主基调,一体推进不敢腐、不能腐、不想腐,精准用好"四种形态",努力实现政治效果、纪法效果、社会效果最大化。锲而不舍落实中央八项规定精神,持续纠治形式主义、官僚主义,切实为基层减负,坚决防止"四风"问题反弹回潮。强化清廉村居建设,深化落实"最多访一次",坚决整治群众身边腐败和不正之风。持续深化纪检监察体制改革,推动纪律、监察、巡察、派驻等"四项监督"的有机贯通,加强党内监督与人大监督、民主监督、行政监督、司法监督、审计监督、财会监督、统计监督、群众监督、舆论监督等的统筹衔接,强化对公权力运行的制约和监督。

(五)全面加强干部队伍建设

始终把政治标准作为第一标准,着力加强维护力强、引领力强、担当力强、服务力强、廉洁力强"五强"领导班子建设。坚持"严管＋厚爱""激励＋约束",深化落实抓人促事政策制度体系,深化推动"两个担当"良性互动。选优配强各级党政正职,优化完善领导班子结构配备,大力发现、培养、选拔优秀年轻干部,强化干部队伍监督管理,健全完善干部实践实绩考评体系,提升干部专业技术能力和专业科学精神,打造一支忠诚干净担当的高素质专业化干部队伍。拓宽专业干部来源渠道,系统化推进公务员分类分级考录,加大选调遴选和"绿色通道"直接引进力度，分类别、分行业、分领域建立专业干部库。深化完善专班工作机制，推动重大项目、重大改革、重大专项工作破难攻坚。常态化落实"十条军规"通报机制，正向激励、反向倒逼，树立干事创业的鲜明导向。探索建立尽责豁免、容错纠错裁定机制，激励广大干部新时代新担当新作为。

到 2035 年，衢州全面确立四省边际中心城市地位，形成共同富裕和现代化的衢州范例，成为让人诗意栖居、令人心生向往的"活力新衢州、美丽大花园"。经济高质量发展迈上新的大台阶，人均生产总值、城乡居民人均可支配收入达到全省平均水平，经济总量跻身全国地级市百强，构建形成"美丽＋智慧"的衢州特色经济体系；高水平建成整体智治体系和现代政府，市域治理现代化水平走在全省前列；文化文明全面进步，社会主义精神文明和物质文明全面协调发展，市民文明素质和社会文明程度达到新水平；共同富裕取得更为明显的实质性进展，现代化公共服务体系更加完善，安全保障体系不断健全，平安建设走在全省前列；基本实现人与自然和谐共生的现代化，建成诗画浙江大花园最美核心区的示范区，现代花园城市、美丽城镇、美丽乡村建设成为全省标杆；党的全面领导落实到各领域各方面的高效执行体系全面形成，全面从严治党持续推进，清廉衢州全面建成，政治生态风清气正，中国特色社会主义制度优势充分彰显。

衢州市党员干部要立足"十四五"，锚定二〇三五年远景目标，突出政治铸魂，把学习宣传贯彻党的二十大精神作为首要政治任务，淬炼"紧跟总书记"的忠诚信仰，提升"把握正确方向"的政治能力，强化"为大局增光添彩"的责任担当，统一步调、团结一致，笃行不怠、奋勇争先，为奋力推进中国式现代化的衢州实践作出应有贡献，为高质量发展建设共同富裕先行示范窗口而不懈奋斗，走出一条具有衢州特色、普遍意义的共富之路，以"衢州之进"提升浙江共同富裕的成色！

参考文献

[1]《八八战略》编写组编著:《八八战略》,浙江人民出版社 2018
年版。

[2]冯鹏志:《深刻理解坚持和加强党的全面领导》,《红旗文稿》
2021 年第 5 期。

[3]顾雪芹、李育冬、余红心:《长江三角洲地区营商环境政策举措
与效果评价》,《中国流通经济》2020 年第 6 期。

[4]韩春晖:《优化营商环境与数字政府建设》,《上海交通大学学
报(哲学社会科学版)》2021 年第 6 期。

[5]何阳、高小平:《"双线"考评机制:技术赋能下基层政府绩效评
估新途径》,《理论与改革》2020 年第 6 期。

[6]衡霞、陈果:《特大城市集成治理创新研究》,《吉林大学社会科
学学报》2018 年第 3 期。

[7]姜卫平:《坚持党的全面领导是经济社会发展必须遵循的重大
政治原则》,《政工学刊》2020 年第 11 期。

[8]蒋斌、张军民:《改革开放彰显中国特色社会主义制度的独特
优势》,《毛泽东研究》2018 年第 6 期。

[9]李包庚:《从"八八战略"到"重要窗口"历史性飞跃的基本经验
与意义》,《浙江工商大学学报》2021 年第 1 期。

[10]李冠琦:《征信体系建设支持营商环境优化的实践与思
考——以浙江省为例》,《征信》2021 年第 9 期。

[11]李军凯、张婷:《城市文化品牌塑造与传播》,《新闻战线》2021

年第 9 期。

[12]廖福崇:《"放管服"改革、行政审批与营商环境——来自企业调查的经验证据》,《公共管理与政策评论》2019 年第 6 期。

[13]廖福崇:《审批制度改革优化了城市营商环境吗?——基于民营企业家"忙里又忙外"的实证分析》,《公共管理学报》2020 年第 1 期。

[14]刘宝东:《百年来加强党的领导和党的建设的历史经验》,《中国党政干部论坛》2021 年第 4 期。

[15]龙佳解、蒋红群:《论当代中国现代性的困境及其重建》,《求实》2011 年第 1 期。

[16]娄成武、张国勇:《基于市场主体主观感知的营商环境评估框架构建——兼评世界银行营商环境评估模式》,《当代经济管理》2018 年第 6 期。

[17]陆立军:《略论"浙江模式"及其转型与提升》,《商业经济与管理》2007 年第 9 期。

[18]马丽敏:《历史文化要素在城市品牌建构中的联想与转换——以城市品牌"南孔圣地·衢州有礼"为例》,《社科纵横》2020 年第 1 期。

[19]秦诗立:《聚力新型城市化与山海协作　建设协调发展"重要窗口"》,《浙江经济》2020 年第 6 期。

[20]宋锴业、徐雅倩、陈天祥:《政务数据资产化的创新发展、内在机制与路径优化——以政务数据资产管理的潍坊模式为例》,《电子政务》2022 年第 1 期。

[21]王法硕、张桓朋:《"互联网+政务服务"优化地方营商环境了吗?——基于我国地级市面板数据的实证研究》,《电子政务》2022 年第 1 期。

[22]王光荣:《营商环境提升:补齐社会环境短板》,《重庆社会科学》2019 年第 2 期。

[23]吴锡标、张慧霞:《孔氏南宗的符号特征与文化意义》,《浙江社会科学》2010 年第 7 期。

[24]习近平:《干在实处　走在前列——推进浙江新发展的思考与实践》,中共中央党校出版社 2006 年版。

[25]习近平:《切实把思想统一到党的十八届三中全会精神上来》,《求是》2014 年第 1 期。

[26]《习近平谈治国理政》(第一卷),外文出版社 2018 年版。

[27]《习近平谈治国理政》(第二卷),外文出版社 2017 年版。

[28]《习近平谈治国理政》(第三卷),外文出版社 2020 年版。

[29]习近平:《之江新语》,浙江人民出版社 2007 年版。

[30]习近平:《中国共产党领导是中国特色社会主义最本质的特征》,《求是》2020 年第 14 期。

[31]徐宇宁主编:《衢州改革开放 30 年》,浙江人民出版社 2008 年版。

[32]闫姗、王小东:《儒学伦理的当代价值演绎——以"南孔圣地·衢州有礼"之"礼"为例》,《文化学刊》2020 年第 5 期。

[33]杨洪源:《从抗击疫情看"全国一盘棋"的重要地位》,《理论探索》2020 年第 3 期。

[34]姚少平:《山海协作续写新篇章》,《今日浙江》2007 年第 1 期。

[35]曾莉、李雅欣:《基层疲惫的成因与治理策略研究——基于组织视角的分析》,《行政科学论坛》2020 年第 7 期。

[36]章敏敏、刘耀臣:《合作共治的行政审批中介服务模式研究——以天津市为例》,《行政管理改革》2016 年第 6 期。

[37]赵干、周叶芹:《城市品牌形象与城市文化软实力提升研究》,《文化产业》2021 年第 10 期。

[38]浙江省习近平新时代中国特色社会主义思想研究中心编著:《习近平科学的思维方法在浙江的探索与实践》,浙江人民出版社 2021 年版。

［39］浙江省习近平新时代中国特色社会主义思想研究中心编著：《习近平新时代中国特色社会主义思想在浙江的萌发与实践》，浙江人民出版社 2021 年版。

［40］中共浙江省委党校编写组：《建设伟大工程》，浙江人民出版社 2019 年版。

［41］中共中央文献研究室编：《习近平关于社会主义文化建设论述摘编》，中央文献出版社 2017 年版。

［42］中央党校采访实录编辑室：《习近平在浙江》（上），中共中央党校出版社 2021 年版。

［43］中央党校采访实录编辑室：《习近平在浙江》（下），中共中央党校出版社 2021 年版。

［44］朱汉清：《地区特色经济发展及其优劣势分析》，《上海经济研究》2006 年第 7 期。

后 记

按照浙江省习近平新时代中国特色社会主义思想研究中心、浙江省社会科学界联合会的统一部署，中共衢州市委宣传部、衢州市社会科学界联合会成立课题组，组织编写了本书。衢州市位于浙江省西部、钱塘江源头、浙皖闽赣四省交界处，素有"四省通衢、五路总头"之称。习近平同志多次来衢州考察调研、指导工作，有针对性地对衢州的发展提出了一系列重要嘱托。这一系列重要指示和殷切期望作为"八八战略"在市域层面的具体要求，为衢州指明了发展方向。衢州牢记嘱托，加快追赶跨越步伐，建设四省边际中心城市，争当"两个先行"示范窗口，奋力推进中国式现代化的衢州实践，为与全省同步基本实现社会主义现代化打下坚实基础，为全国共同富裕美好社会建设先行探路、创造经验。中共衢州市委党校多次召开专家论证会和小组讨论会，对20年来衢州市的建设成就、发展成绩以及"八八战略"进行了认真研读和思考，力争较为全面真实立体地展示衢州牢记嘱托、奋力续写"八八战略"衢州新篇章过程中一张蓝图绘到底、一任接着一任干所取得的重要成就。

本书由中共衢州市委党校相关领域的十多位专家合作撰写而成，具体分工如下：罗培剑、金晓伟负责拟定大纲、修改和统稿，向玉玲负责导论部分，魏翠玲负责第一章，罗力负责第二章，胡俊青负责第三章，成鸿静负责第四章，刘燕珂负责第五章，刘成凯负责第六章，邵倩负责第七章，单祥杰负责第八章，张冬洁负责第九章，陈诗慧负责展望部分。封面图片由许军拍摄。

限于水平,书中还存在不尽完善之处,恳请读者批评指正。

作　者

2023 年 6 月